介護の日本語 基本の知識

はじめて学ぶ

三橋 麻子・丸山 真貴子 著

- 「法律・制度」「専門職種」「高齢者にみられる主な病気・症状」「業務で必要な知識」の概略をつかむ
- 語彙マップで知識を整理

スリーエーネットワーク

©2019 by MITSUHASHI Asako and MARUYAMA Makiko

All rights reserved. No part of this publication may be reproduced, stored in a retrieval system, or transmitted in any form or by any means, electronic, mechanical, photocopying, recording, or otherwise, without the prior written permission of the Publisher.

Published by 3A Corporation.
Trusty Kojimachi Bldg., 2F, 4, Kojimachi 3-Chome, Chiyoda-ku, Tokyo 102-0083, Japan

ISBN978-4-88319-793-4 C0081

First published 2019
Printed in Japan

はじめに

　本書は先に発刊された『はじめて学ぶ介護の日本語 基本のことば』に続くシリーズの1つとして作成いたしました。

　「基本のことば」に続き「基本の知識」の学習となりますが、学習項目には、介護現場において最低限知っておいたほうがいい知識を「法律・制度」、「専門職種」、「高齢者にみられる主な病気・症状」、「業務で必要な知識」のPartに分けて選出しました。

　「知識」を取り上げた理由は、介護現場で働こうとする外国人にとって、最低限知っておいたほうがいい知識を従来の専門書で読み進め、意味を掴むことが非常に難しいためです。

　専門学校等で初めて介護について学ぶ人など、まだ介護の学習を始めて日が浅い人でも、基本の知識について、その背景や意義、業務の中での役割がわかるようにこのテキストを作成しました。

　特長として、以下5点があります。
　①原則として見開きで1つの学習項目が学べる。
　②漢字にはすべてルビがつき、本文中の難しい語彙には注釈がついている。
　③導入から発展までの段階的な学習でそれぞれの学習項目の概要がつかめる。
　④学習項目のキーワードが確認できる。
　⑤語彙マップで知識の整理ができる。

　本書を通して、介護に関する背景知識がない人でも基本として必要になる知識の概要を得て、業務のイメージができるようになることを期待しています。また、介護の専門知識の概略をつかむことで、将来、国家試験に向けての学習をする際にも役に立つと思われます。

　これから介護の日本語を勉強したい、教えたいという方に手にとっていただけたら、幸いです。

　最後に、本書を作成するにあたって、介護現場の視点から有益なご助言をくださった社会福祉法人さつき会特別養護老人ホーム袖ケ浦菜の花苑の剣持敬太さん、加藤安理佐さんにお礼を申し上げます。また、わたくしどもの教育活動、教材制作に耳を傾け、ご支援賜りました大原学園の吉岡久博先生、鈴木健司先生に感謝申し上げます。そして、「はじめて学ぶ介護の日本語」シリーズの企画・編集・校正などを担当くださり、根気強く支え、ご尽力くださった、スリーエーネットワークの佐野智子さん、田中綾子さんに心から感謝いたします。

　　　　　　　　　　　　　　　　　　　　　　　　　2019年7月　三橋麻子・丸山真貴子

目次

はじめに ··· iii
テキストの特長と使い方 ·· vi

Part 1　法律・制度

1. 日本国憲法（介護に関する日本の法律） ······························ 2
2. 社会福祉士及び介護福祉士法 ·· 6
3. 日本介護福祉士会倫理綱領 ·· 8
4. 介護保険 ··· 12
5. 要介護認定 ··· 14
6. 介護保険のサービス（介護給付・予防給付） ························· 16

Part 2　専門職種

1. 介護福祉士 ··· 20
2. 介護支援専門員（ケアマネージャー） ······························· 22
3. 社会福祉士（ソーシャルワーカー） ································· 24
4. 精神保健福祉士 ··· 26
5. 栄養士と管理栄養士 ··· 28
6. 理学療法士 ··· 30
7. 作業療法士 ··· 32
8. 言語聴覚士 ··· 34

Part 3　高齢者にみられる主な病気・症状

1. 生活習慣病 ··· 38
2. 誤嚥性肺炎 ··· 40
3. 失禁 ··· 42
4. 目と耳と口の病気・症状 ··· 44

5	心臓の病気・症状 …………………………………… 46
6	脳の病気・症状 …………………………………… 48
7	認知症 …………………………………………………… 50
8	骨と関節の病気・症状 …………………………… 52
9	骨粗鬆症 ………………………………………………… 54
10	廃用症候群（生活不活発病） …………………… 56
11	褥瘡（床ずれ） ……………………………………… 58
12	感染症 …………………………………………………… 60
13	ノロウイルス ………………………………………… 62

Part 4　業務で必要な知識

1	チームアプローチ ………………………………… 66
2	福祉用具 ………………………………………………… 68
3	ADLとIADL ………………………………………… 70
4	バイタルサイン …………………………………… 72
5	入浴介助 ………………………………………………… 74
6	食事介助 ………………………………………………… 76
7	排泄介助 ………………………………………………… 78
8	移乗介助 ………………………………………………… 80
9	ボディメカニクス ………………………………… 82
10	声かけと傾聴 ………………………………………… 84
11	記録（業務日誌、ケース記録、ヒヤリハット・事故報告書など）………… 86
12	介護過程 ………………………………………………… 88

語彙マップシート ……………………………………………… 90
索引 ……………………………………………………………… 94

別冊：解答・語彙マップの解答例

テキストの特長と使い方

1　本書の目指すもの

本テキストが目指すのは、介護の専門知識についての概略をつかむことです。介護現場において必要な知識を中心に取り上げているので、業務の助けになります。
また、介護の専門知識の概略をつかむことで、将来、国家試験に向けて学習をする際の土台作りをします。

2　対象者

日本で介護関係の仕事に就くことを目指し、福祉系の大学や専門学校で学ぶ学習者、またこれらの専門課程への進学予定者、日本語学校で学ぶ学習者が主な対象で、すでに介護の現場に携わっている人も使えます。日本語のレベルは、初中級レベル以上を想定していて、同シリーズの『はじめて学ぶ介護の日本語　基本のことば』と一緒に学習すると、より効率よく学べます。

3　学習する専門知識について

学習する専門知識は、業務に最低限必要なものを厳選し、39項目取り上げました。
39項目を4つのPart（Part1「法律・制度」、Part2「専門職種」、Part3「高齢者にみられる主な病気・症状」、Part4「業務で必要な知識」）にまとめています。

4　内容とページの見方

本書には、本冊と別冊（解答と語彙マップの解答例）があります。
　　◆本冊の最後には、語彙マップ作成用のシートがついています。
　　（語彙マップについては、「5．語彙マップについて」を読んでください。）

テキストの特長と使い方

本 冊

原則として、見開きで1つの項目が勉強できるようになっています。

《案内人（登場人物）》

はてなくん

項目の紹介と導入の質問をするよ！
一緒に考えよう！

みつまるこちゃん

「ワンポイントアドバイス！」で、本文の内容について補足説明をします。しっかり読んで、理解してね！

みつ先生

「考えましょう・話しましょう」で、一緒に色々話しましょうね！

まる先生

「やってみよう」で、一緒に応用練習に挑戦しよう！

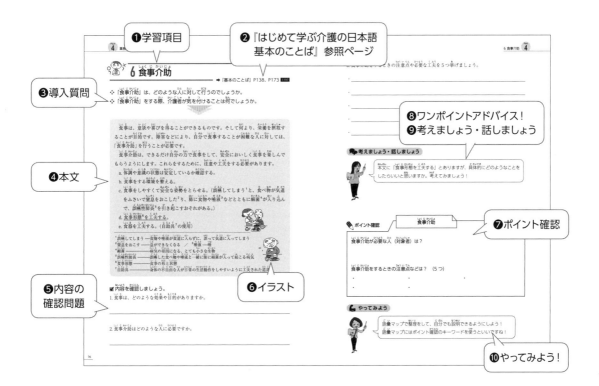

❶学習項目
❷『はじめて学ぶ介護の日本語 基本のことば』参照ページ
❸導入質問
❹本文
❺内容の確認問題
❻イラスト
❼ポイント確認
❽ワンポイントアドバイス！
❾考えましょう・話しましょう
❿やってみよう！

vii

テキストの特長と使い方

❶学習項目　❷『はじめて学ぶ介護の日本語　基本のことば』参照ページ

・学習する項目を提示してあります。
・『はじめて学ぶ介護の日本語　基本のことば』で勉強した言葉には、ページと語彙番号を提示しています。学習項目だけでなく、その前後にある関連する言葉も一緒に見てみるといいでしょう。

❸導入質問

・内容を勉強する前に、その項目についてのイメージや知識を整理する質問です。知っていることがあれば確認したり、知らないことは想像したりして、頭の中でイメージを持って本文に進めるよう指導します。

❹本文

・学習項目についての説明文です。
・本文は JLPT N3 レベル程度の文法を使った日本語で書かれていますが、難しい言葉や専門用語については、本文の下に注釈をつけています。
・注釈は、本文中での使い方や介護の分野における意味が書いてあります。

❺内容の確認問題（内容を確認しましょう。）

・本文の内容を確認する問題です。

❻イラスト

・本文のイメージにつながるイラストがついています。

❼ポイント確認

・本文内容のポイントを整理します。キーワードとなる重要な言葉は何か、考えてまとめるようにします。
・キーワードから、本文の内容が説明できるように意識させます。本文をすべて覚えておくことは大変ですが、キーワードをつなげていくことで、本文の内容を説明できるようになります。
・はじめは、本文の重要な句を抜き出す練習から始めて、慣れてきたら、そこから名詞を抜き出したり、句を名詞化・短縮化していく練習もするといいでしょう。

❽ワンポイントアドバイス！

・本文の内容について、補足説明をします。知っておくと、役に立つ情報なので、しっかり読んで、知識を深めます。

❾考えましょう・話しましょう

・本文の発展として、実際の介護場面などを想像しながら、トピックについて考えたり、クラスで話し合いをしてみましょう。
・介護の仕事の経験がなくても、学習者自身のイメージや考え方を話せるといいでしょう。クラスで勉強するときは、クラスメイトの意見を発表させてみてください。

❿やってみよう

・応用練習です。
・本文から応用して答える問題、語彙マップの作成などがあります。

別 冊

・内容の確認問題(内容を確認しましょう。)・ポイント確認の答えと、Part4 の語彙マップの解答例があります。

5 語彙マップについて

Part4 では、「やってみよう」に「語彙マップ」がついている項目があります。

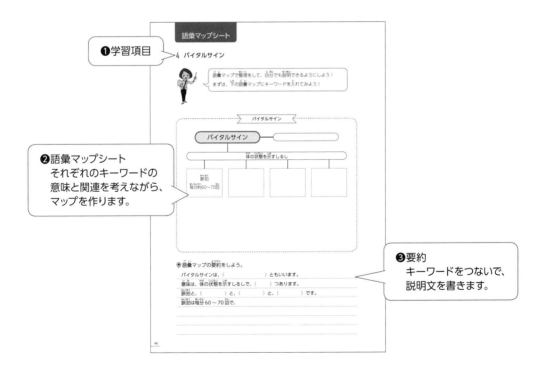

この「語彙マップ」は、学習した専門知識の内容について、頭の整理をして、自分でも説明できるようにするためのものです。自身で説明できるようになることで、内容がより理解できることでしょう。

Part4の「4 バイタルサイン」からついています。まず、「4 バイタルサイン」と、続く「5 入浴介助」で、語彙マップにキーワードを入れる練習から始めて、語彙マップの描き方に慣れましょう。「6 食事介助」では、少し難易度が上がり、途中まで描かれている語彙マップの続きを自身で書き足し、キーワードを入れるようになっています。そして、「7 排泄介助」以降は、最初から自分で語彙マップを描いていきます。

また、これらの語彙マップを基に、要約ができるよう、文章を書くスペースを設けています。書けたら、学習者自身に読んで説明させてみてください。

また、語彙マップを描く練習は、Part4以外にも活用できるので、復習等に活用してみてください。

語彙マップを描くシートは、本冊の最後についています。「7 排泄介助」以降はP93のシートを利用してください。スリーエーネットワークのWebサイトからも、ダウンロードできます。

https://www.3anet.co.jp/np/books/4222/

6 学習の進め方（例）

● **クラス授業の場合**

本書は、原則として見開きで1項目となっています。1日に1項目を目安として進めることを想定しています。

Part1には、例外的な項目（「1 日本国憲法（介護に関する日本の法律）」、「3 日本介護福祉士会倫理綱領」）もありますが、1日で1ページから複数ページなど、進度を調整してください。

45分×1コマの授業例

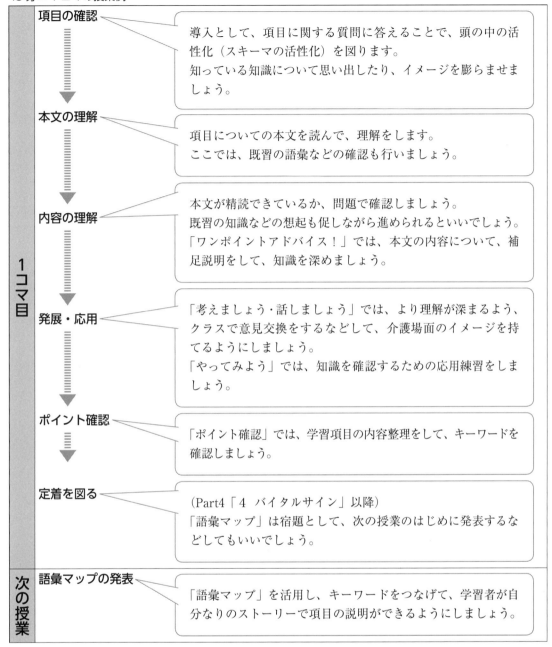

● 自己学習の場合

毎日、学習するようにしましょう。

1日に1項目を進めていきましょう。介護場面をイメージしながら、勉強をしましょう。語彙マップを書いたら、友だちに発表を聞いてもらい、その項目について伝わったかどうか聞いてみましょう。

Part 1 法律・制度

1 日本国憲法（介護に関する日本の法律）
2 社会福祉士及び介護福祉士法
3 日本介護福祉士会倫理綱領
4 介護保険
5 要介護認定
6 介護保険のサービス（介護給付・予防給付）

Part 1 法律・制度

1 日本国憲法（介護に関する日本の法律）

❖ 「介護」や「福祉」を考えるときに、大切な法律を知っていますか。どんなことが書かれているでしょうか。

下の法律を読み、何について述べているか、本文から大切な言葉を取り出してみましょう。

第11条 基本的人権の享有

国民は、すべての基本的人権[1]の享有[2]を妨げられない[3]。この憲法[4]が国民に保障する[5]基本的人権は、侵すことのできない[6]永久の[7]権利[8]として、現在及び将来の国民に与えられる。

[1] 人権 ……………………… 人間が生まれたときから持っている権利（立場や条件）
[2] 享有 ……………………… 生まれたときから、権利や能力を持っていること
[3] 妨げられない ………… 邪魔されない
[4] 憲法 ……………………… 国の基本になる最高の法律
[5] 保障する ……………… （権利などが）なくされないように守る
[6] 侵すことのできない … 他人の権利をなくしたり、悪くしたりすることができない
[7] 永久の ………………… ずっと
[8] 権利 ……………………… （この本文では）人が持っている立場や条件

⇩

👍 ワンポイントアドバイス！

「基本的人権」とは、人間として当たり前に持っている権利のことです。他の人には邪魔ができません。将来、生まれてくる人たちに対してもずっと、この権利は守られます。
どんな人でも、人間として大切にされて、生きていく権利がありますね！

1 日本国憲法（介護に関する日本の法律）

第13条　幸福追求権

　すべて国民は、個人として尊重される[1]。生命[2]、自由及び幸福[3]追求[4]に対する国民の権利[5]については、公共の福祉[6]に反しない限り[7]、立法[8]その他の国政[9]の上で、最大の尊重を必要とする。

[1] 尊重される……………大切にされる
[2] 生命………………………命
[3] 幸福………………………幸せ
[4] 追求………………………希望や夢を求めること
[5] 権利………………………（この本文では）人が持っている立場や条件
[6] 公共の福祉……………社会全体の幸せや、ためになること
[7] ～に反しない限り……～と違うことがなければ
[8] 立法………………………法律を決めること
[9] 国政………………………国の政治

⇩

　　　　　　　　　　　　　　　　　　

👍 ワンポイントアドバイス！

国民は、命や自由を大切にされ、幸せを求める権利があります。
国は、社会のみんなが幸せに暮らせるように、法律を作ったり政治をしたりします。

第25条　生存権

第1項
すべて国民は、健康で文化的な最低限度¹の生活を営む²権利を有する³。

第2項
国は、すべての生活部面について、社会福祉⁴、社会保障⁵及び公衆衛生⁶の向上⁷及び増進⁸に努めなければならない。

---
¹最低限度 ……… 一番低い
²生活を営む …… 生活をする
³有する ………… 持っている
⁴社会福祉 ……… 国などが生活が苦しい人や、家族のいない老人、子どもなどを助けること
⁵社会保障 ……… 国などが国民の生活を守ること
⁶公衆衛生 ……… 人々が病気にならないようにするために団体が行う活動
⁷向上 …………… よくなること
⁸増進 …………… 体力などが高まること

⇩

第1項

第2項

👍 ワンポイントアドバイス！

この法律では、国民の生活を国が守ると言っていますね。
どんな状況の人でも、最低限の生活はできるように国が支えます。

✏ ポイント確認

日本国憲法（介護に関する日本の法律）

第11条

キーワードは？

どんな内容？

第13条

キーワードは？

どんな内容？

第25条

キーワードは？

どんな内容？

2 社会福祉士及び介護福祉士法

❖ 「介護福祉士」は、どんな人に何をする人でしょうか。

「社会福祉士及び介護福祉士法」には、以下のように「介護福祉士」の定義があります。

社会福祉士及び介護福祉士法（2017年改正）

「介護福祉士」とは、「介護福祉士登録簿」に登録され、介護福祉士の名称を用いて[1]、専門的知識及び技術をもって[2]、身体上又は精神上の障害があることにより日常生活を営む[3]のに支障がある者につき[4]心身の状況に応じた[5]介護（「喀痰吸引[6]等」を含む。）を行い、並びに[7]その者及びその介護者に対して介護に関する指導を行うことを業とする[8]者をいう。

(第1章 第2条 第2項 一部省略、変更)

---

[1]〜の名称を用いて ……〜という名前を使って
[2]技術をもって ……………技術を使って
[3]日常生活を営む ……………毎日の生活をする
[4]〜に支障がある者につき ……〜することが難しい人に
[5]状況に応じた ……………状態や様子に合わせて
[6]喀痰吸引 ……………機械で痰を取り出すこと
[7]並びに ……………また
[8]〜を業とする ……………〜を仕事にしている

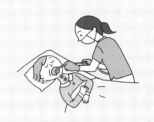

✓ 内容を確認しましょう。

1. 介護福祉士の定義では、どんな人に介護を行うと書いてありますか。

___

2. 介護福祉士の仕事は、どんな仕事ですか。本文から2つ挙げましょう。

・___

・___

2 社会福祉士及び介護福祉士法 Part 1

👉ワンポイントアドバイス！

定義の中に「『介護福祉士登録簿』に登録され、介護福祉士の名称を用いて」とありますが、これは、「介護福祉士」になるためには、介護福祉士国家試験を受けて、合格するだけではなく、国の登録簿に登録をしなければならない、ということです。登録をしない人は「介護福祉士」という名前を使って仕事をすることができません。
例えば、介護のアルバイトをしていても、「介護福祉士の仕事をしています」とは言えませんよ！

これが、「介護福祉士登録証」です。
立派ですね！

📝ポイント確認

社会福祉士及び介護福祉士法

どんな人を介護する？

介護福祉士の仕事は？（2つ）
-
-

Part 1 法律・制度

3 日本介護福祉士会倫理綱領

❖ 介護福祉士に必要なのは、どんなものでしょうか。

　日本介護福祉士会というところが、「日本介護福祉士会倫理綱領」を定めました。そこで、以下のように前文が示されています。

日本介護福祉士会倫理綱領[1]（1995年）

　私たち介護福祉士は、介護福祉ニーズ[2]を有する[3]すべての人々が、住み慣れた地域において安心して老いる[4]ことができ、そして暮らし続けていくことのできる社会の実現を願っています。

　そのため、私たち日本介護福祉士会は、一人ひとりの心豊かな暮らしを支える介護福祉の専門職として、ここに倫理綱領を定め、自らの専門的知識・技術及び倫理的自覚をもって[5]最善[6]の介護福祉サービスの提供に努めます[7]。

---

[1] 倫理綱領 ……………… 介護福祉士会が介護福祉士としての責任や守らなければならないことを文章にしたもの
[2] 介護福祉ニーズ ……… 介護福祉サービスが必要なこと
[3] 有する ………………… 持っている
[4] 老いる ………………… 老人になる
[5] 自覚を持って ………… いつもその気持ちを持って
[6] 最善 …………………… 一番いい
[7] 努めます ……………… 努力する

✅ 内容を確認しましょう。

1. 1段落目では、どのようなことを言っていますか。

2. 2段落目では、どのようなことを言っていますか。

考えましょう・話しましょう

あなたが介護福祉士だったら、心がける（忘れないようにする）ことは何ですか。
私だったら…いつもにこにこ…笑顔かな♪

■ 倫理綱領について知ろう。

以下、7つの倫理綱領について読み、何について述べているか、本文から大切な言葉を取り出してみましょう。

① 介護福祉士はすべての人々の基本的人権を擁護し[1]、一人ひとりの住民が心豊かな暮らしと老後が送れるよう利用者本位の立場から自己決定を最大限尊重し、自立に向けた介護福祉サービスを提供していきます。

[1] 擁護し……守って

⇩

② 介護福祉士は、常に専門的知識・技術の研鑽に励む[1]とともに、豊かな感性と的確な判断力を培い[2]、深い洞察力[3]をもって専門的サービスの提供に努めます。
　また、介護福祉士は、介護福祉サービスの質的向上に努め、自己の実施した介護福祉サービスについては、常に専門職としての責任を負います[4]。

[1] 専門的知識・技術の研鑽に励む……専門的知識や技術を深め、一生懸命努力する
[2] 培い……育てて、身につけて
[3] 洞察力……物事を深く観察して知る能力
[4] 負います……持つ

⇩

Part 1 法律・制度

③ 介護福祉士は、プライバシーを保護するため、職務上知り得た個人の情報を守ります。

⇩

☐

④ 介護福祉士は、利用者に最適なサービスを総合的に提供していくため、福祉、医療、保健その他関連する業務に従事する者と積極的な連携を図り¹、協力して行動します。

¹ 連携を図り………連絡をとり、協力して

⇩

☐　　　☐

⑤ 介護福祉士は、暮らしを支える視点¹から利用者の真のニーズ²を受けとめ、それを代弁して³いくことも重要な役割であると確認したうえで、考え、行動します。

¹ 視点………………立場
² 真のニーズ………本当に必要なこと
³ 代弁して…………代わりに意見などを言って

⇩

☐

⑥ 介護福祉士は、地域において生じる介護問題を解決していくために、専門職として常に積極的な態度で住民と接し、介護問題に対する深い理解が得られるよう努める¹とともに、その介護力の強化に協力していきます。

¹努める……努力する

[　　　　　　　　　　　]

⑦ 介護福祉士は、すべての人々が将来にわたり安心して質の高い介護を受ける権利を享受できる¹よう、介護福祉士に関する教育水準²の向上と後継者³の育成に力を注ぎます⁴。

¹享受できる……受け入れて自分のものにできる ／ ²水準……レベル
³後継者……後を継ぐ人 ／ ⁴注ぎます……入れる

[　　　　　　　　　　　]

👍 ワンポイントアドバイス！

7つの倫理綱領について、大切な言葉を取り出してもらいましたが、倫理綱領にはキーワードとして、それぞれ以下の言葉が挙げられています。

①利用者本位、自立支援　　　⑤利用者ニーズの代弁
②専門的サービスの提供　　　⑥地域福祉の推進
③プライバシーを保護　　　　⑦後継者の育成
④総合的サービスの提供と積極的な連携、協力

これは、社会福祉士及び介護福祉士法の義務規程でも言われていますね！

4 介護保険

➡『基本のことば』P233 1475

❖ 「介護の社会化」とは、どんなことでしょうか。
❖ 介護保険とはどんなものだと思いますか。

　「介護の社会化」とは、高齢者の介護をみんなで支えようという考え方です。日本では、少子高齢化¹のために高齢者が多くいますが、高齢者の介護を家族だけでするのは大変です。そこで、1997年に介護保険法ができて、2000年4月から介護保険制度²が始まりました。
　介護保険は、介護が必要な人に、費用³を給付する⁴保険です。介護が必要になっても、高齢者が住み慣れたところで自分らしく生活ができるように、そして介護をしている家族の負担が軽くなる⁵ように考えられた制度です。

¹少子高齢化 ……………… 人口のうち、子どもの割合が低くて、高齢者の割合が高いこと
²制度 ………………………… 社会の決まり、システム
³費用 ………………………… 何かをするためにかかるお金
⁴給付する ………………… お金や物をあげる
⁵負担が軽くなる ……… 大変なことが少なくなる

✓ 内容を確認しましょう。

1. 「介護の社会化」とは何ですか。

_____

2. どうして、社会で高齢者の介護を支えなければなりませんか。

_____

3. 「介護の社会化」のために、何という法律を作りましたか。

_____

4. 介護保険制度の目的は2つあります。何ですか。

- _____

- _____

👉ワンポイントアドバイス！

日本に住む人は、40歳になると、介護保険料の支払いが始まります。その保険料が、介護サービスを利用した人の費用の一部になります。みんなで助け合っているんですね♪

✏ ポイント確認

介護保険

「介護の社会化」とは？

「介護の社会化」のための法律は？

介護保険制度の目的は？（2つ）

-
-

5 要介護認定

→ 『基本のことば』P236 1499 1500

❖ もし、介護が必要になったときは、どうしたらいいでしょうか。
❖ 「要介護認定」とは、何ですか。
❖ 下のイラストは、どんなことを表しているでしょうか。

　年をとったり病気や障害があって、介護が必要になった場合でも、その人らしく生活することは大切です。その支援のために、介護サービスはあります。
　介護サービスを利用するには、まず、介護が必要かどうか、そしてその程度について、市町村から要介護¹（要支援²）の認定³を受けることが必要です。
　まず、市町村に申請します⁴。すると、調査員が自宅へ訪問調査に来ます。また、主治医⁵に意見書の作成をしてもらいます。そして、一次判定として訪問調査の項目をコンピュータで判定します。その結果と主治医の意見書などをもとに、介護認定審査会が行われて、二次判定がされます。二次判定の結果から、市町村が要介護認定をします。
　認定は、要支援1〜2と、要介護1〜5の7段階と非該当に分かれています。要支援1が最も軽く、要介護5が最も重い介護状態です。

---

¹ 要介護 ……………… 介護が必要な状態
² 要支援 ……………… 日常生活に支援が必要な状態
³ 認定 ………………… 資格やレベルを認めて決めること
⁴ 申請します ………… 許可や認可（認めて許可すること）をお願いする
⁵ 主治医 ……………… いつも診てもらっている医者

☑ 内容を確認しましょう。

1. 介護が必要になったとき、何が利用できますか。

_____

2. 要介護認定の手続きを書きましょう。

| 1 | _____に_____をする |

↙ ↘

| 2 | _____が_____に来る |　| 3 | _____に_____を書いてもらう |

↓

| 4 | コンピュータで_____がされる |

↓

| 5 | 介護認定審査会で_____がされる |

↓

| 6 | _____が_____認定をする |

3. 要介護認定の判定は、3つに分かれますが、何ですか。またそれぞれ簡単に説明しましょう。

・_____：_____
・_____：_____
・_____：_____

✏ ポイント確認　　要介護認定

「要介護」「要支援」とは？

要介護認定は誰がする？

要介護認定は、どのように分かれている？

・（　　　）つ

・どのように：

6 介護保険のサービス(介護給付・予防給付)

→『基本のことば』P236 1499 1500

❖ 「要介護認定」について復習しましょう。
- 何のために介護認定をしてもらいますか。
- 要介護認定はどこで行っていますか。
- 要介護認定の区分について説明してみましょう。

　　介護保険のサービスには、「予防給付[1]」と「介護給付」があります。
　「要支援」か「要介護」かによってどちらの給付を受けるか決まり、利用できるサービスの種類や内容が違います。
　「予防給付」は要介護認定で「要支援」と判定された人、「介護給付」は「要介護」と判定された人が利用できます。これらのサービスは、自宅で生活しながら利用できる「在宅サービス」、施設に入所して利用する「施設サービス」、地域での特性に応じた「地域密着型サービス」の3つに分かれています。
　但し、「予防給付」には、施設に入所して利用する「施設サービス」は含まれていません。「予防給付」は、常に介護が必要な状態ではなくても、日常生活の一部で誰かの支援が必要な人に対して、状態の改善と悪化の予防を目的に行われるサービスです。できない事を補助する[2]だけでなく、本人のできることを増やし、いきいきとした生活を送れるよう支援します。

[1] 給付 ……… お金や物をあげること
[2] 補助する ……… 助ける

✓ 内容を確認しましょう。

1. 要介護認定で「要支援」、「要介護」と判定された人が受給できる介護保険のサービスは何ですか。

要支援：＿＿＿＿＿＿＿＿＿＿＿＿＿　　要介護：＿＿＿＿＿＿＿＿＿＿＿＿＿

2. 利用できるサービスにはどんなものがありますか。3つ挙げましょう。

・＿＿＿＿＿＿＿　　・＿＿＿＿＿＿＿　　・＿＿＿＿＿＿＿

3. 予防給付と介護給付のサービスの違いは何ですか。

_____

4. 予防給付の目的は何ですか。

_____

💬 考えましょう・話しましょう

「介護給付」では、具体的にどんな支援をすると思いますか。
話し合いましょう！

✏️ ポイント確認

介護保険のサービス（介護給付・予防給付）

要介護認定で「要支援」、「要介護」の判定を受けた人が受けられるサービスは？

・要支援：

・要介護：

どんなサービス？
・予防給付：

・介護給付：

予防給付の目的は？

Part 2 専門職種
せんもんしょくしゅ

1 介護福祉士
かいごふくしし

2 介護支援専門員（ケアマネージャー）
かいごしえんせんもんいん

3 社会福祉士（ソーシャルワーカー）
しゃかいふくしし

4 精神保健福祉士
せいしんほけんふくしし

5 栄養士と管理栄養士
えいようし　かんりえいようし

6 理学療法士
りがくりょうほうし

7 作業療法士
さぎょうりょうほうし

8 言語聴覚士
げんごちょうかくし

Part 2 専門職種

1 介護福祉士

➡『基本のことば』P2 1

❖「介護福祉士」は、どんな仕事をすると思いますか。
❖「介護福祉士」になるためにはどんな条件が必要でしょうか。

「介護福祉士」は、「社会福祉士及び介護福祉士法」に定められている[1]国家資格です。

介護福祉士は、日常生活の中で介助が必要な人を支える専門職で、身体介護、生活支援、相談・助言が主な仕事です。

身体介護は、食事や入浴、車椅子での移動の手伝いなどをします。生活支援は、家事や身の回りのお世話などをします。相談・助言は、介護が必要な人や、その家族から介護の相談を受けたり、アドバイスをしたりします。

国家試験に合格して、「介護福祉士登録簿」に登録すると、介護福祉士という名称[2]を使うことができます。

---

[1] 定められている……決められている
[2] 名称……名前

✓ 内容を確認しましょう。

1. 介護福祉士はどんな人を援助しますか。

_____

2. 介護福祉士の仕事3つと、その内容を書きましょう。

・_____ : _____

・_____ : _____

・_____ : _____

3. 介護福祉士という名称を使うには、どんな条件が必要ですか。

_____

👉ワンポイントアドバイス！

介護福祉士になるには、一般的には、受験資格として実務経験（3年以上（1095日以上かつ従事日数540日以上））と「実務者研修」を受けることが必要です。もし、介護福祉士養成施設を卒業した場合は、「実務者研修」は必要ありません。

💬考えましょう・話しましょう

介護福祉士は、介護が必要な人が「その人らしい生活」を続けていけるように支援します。
では、あなたらしい生活って、どんな生活ですか？ 考えてみましょう！

✏ポイント確認

介護福祉士

介護福祉士が支援する人は？

仕事の内容は？ （3つ）

-
-
-

2 介護支援専門員(ケアマネージャー)

➡『基本のことば』P2 3 4

❖「介護支援専門員」は経験が豊かな介護福祉士です。
　どんな仕事をすると思いますか。
❖「介護支援専門員」になるためにはどんな条件が必要でしょうか。

「介護支援専門員」は「ケアマネージャー(略称ケアマネ)」ともいいます。
要介護者などから相談を受けて、介護サービスの給付[1]計画(ケアプラン)を作成します。それから、市町村や介護サービス事業者などとの調整を行います。また、ケアプランの見直しもします。
介護支援専門員になるには、受験資格として、一定の専門資格と5年以上の実務経験[2]が必要になります。そのうえで、都道府県が行う「介護支援専門員実務研修受講試験」を受験して合格する必要があります。そして、「介護支援専門員実務研修」を受講し修了した後、「介護支援専門員資格登録簿」に登録すると、介護支援専門員になれます。
なお、この資格には5年の有効期限があって、更新をする必要があります。

---

[1] 給付 ……………… 物、お金などを与えること
[2] 実務経験 ………… 実際に働いた経験

✓ 内容を確認しましょう。

1. 介護支援専門員の別の名前は何ですか。

　　介護支援専門員 = [　　　　　　　　　　　　]

2. 介護支援専門員の仕事内容を3つ挙げましょう。

・_____

・_____

・_____

2 介護支援専門員（ケアマネージャー）

3. 介護支援専門員になるために必要な条件を4つ挙げましょう。

- _____
- _____
- _____
- _____

👉 ワンポイントアドバイス！

介護支援専門員になるための受験資格の「一定の専門資格」は、
・介護福祉士
・社会福祉士　などです。

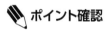 ポイント確認　　介護支援専門員（ケアマネージャー）

仕事の内容は？（3つ）

-
-
-

介護支援専門員（ケアマネージャー）になるためには？
(受験資格)_____

↓

_____

↓

_____

↓

_____

3 社会福祉士（ソーシャルワーカー）

➡『基本のことば』P3 13 14

❖「社会福祉士」は、どんな仕事をすると思いますか。
❖「社会福祉士」になるためにはどんな条件が必要でしょうか。

「社会福祉士」は、「社会福祉士及び介護福祉士法」に定められている国家資格です。「ソーシャルワーカー」とも呼ばれます。

社会福祉に関する相談援助の専門職で、身体や精神、生活環境が理由で、日常生活を送るのに支障がある[1]人から相談を受けて、助言[2]や指導[3]、援助[4]をします。医療機関[5]や福祉関係施設などにつなぐことも仕事です。

社会福祉士になるには、受験資格を得てから、国家試験に合格する必要があります。その後、「社会福祉士登録簿」に登録すると、社会福祉士という名称[6]を使うことができます。

---

[1] ～に支障がある ……～することが難しい
[2] 助言 …………………いい方法を教えること、アドバイス
[3] 指導 …………………教えること
[4] 援助 …………………助けること
[5] 医療機関 ……………病院や薬局など
[6] 名称 …………………名前

✅ 内容を確認しましょう。

1. 社会福祉士の別の名前は何ですか。

　　　社会福祉士　＝　　　　　　　　　　　　　　　　

2. 社会福祉士の仕事内容を３つ挙げましょう。

・_____

・_____

・_____

3. 社会福祉士になるために必要な条件をあと2つ挙げましょう。

・ 受験資格を得る _____

・ _____

・ _____

👍 ワンポイントアドバイス！

> 社会福祉士が援助する人は、生活をすることが難しい人です。高齢者だけではなく、身体や知的に障害のある人、一人親家庭、虐待問題がある家族、収入が低い人など、色々な人を助けます。

✏️ ポイント確認　　社会福祉士（ソーシャルワーカー）

社会福祉士の別名は？

仕事の内容は？（3つ）

・

・

・

社会福祉士（ソーシャルワーカー）になるためには？

　　　　　　　　受験資格を得る
_____
　　　　　　　　　　↓
_____
　　　　　　　　　　↓
_____

Part 2 専門職種

4 精神保健福祉士(せいしんほけんふくしし)

→『基本のことば』P4　19

❖「精神保健福祉士」は、どんな仕事をすると思いますか。

　「精神保健福祉士」は、「精神保健福祉士法」に定められている国家資格です。「精神科ソーシャルワーカー（PSW）」とも呼ばれています。

　精神保健福祉士は、精神的な障害がある人が、日常生活をスムーズに送れるように、生活支援、相談、助言[1]、生活訓練、環境調整、社会参加への支援をします。

　福祉分野にとどまらず、医療分野、保健分野などと、広く連携をとりながら[2]仕事をします。

---

[1] 助言……………いい方法を教えること、アドバイス
[2] 連携をとりながら……連絡をとり、協力しながら

✓内容を確認しましょう。

1. 精神保健福祉士の別の名前は何ですか。

　　　　精神保健福祉士　＝　_____

2. 精神保健福祉士の支援の対象者はどのような人で、どんな目的でしますか。

　誰に：_____

　目的：_____

3. 2の目的のために、具体的にどんなことをしますか。

_____

4 精神保健福祉士 Part 2

👉ワンポイントアドバイス！

社会福祉士・精神保健福祉士・介護福祉士を、「三福祉士」といいます。福祉に関する国家資格を持っていて、介護現場の中心で活躍する人たちです！

✏️ポイント確認

精神保健福祉士

精神保健福祉士の別名は？

仕事の内容は？
・誰に？

・何のために？

どんなことを？（6つ）
・　　　　　　　　　　　　　　・
・　　　　　　　　　　　　　　・
・　　　　　　　　　　　　　　・

Part 2 専門職種

5 栄養士と管理栄養士

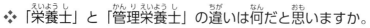
➡『基本のことば』P3 [11] [12]

❖「栄養士」と「管理栄養士」の違いは何だと思いますか。
❖ 具体的にどんなことをすると思いますか。

　「栄養士」、「管理栄養士」は、「栄養士法」に定められている国家資格です。
　栄養士は、都道府県知事の免許を受けて、栄養士の名称を用いて[1]仕事をします。学校、病院、施設などで、給食や食事の献立[2]作成、調理[3]、提供[4]をします。また、人々に健康な食生活について栄養の助言[5]をします。
　管理栄養士は、厚生労働大臣の免許を受けて、管理栄養士の名称を用いて仕事をします。病気を患っている人、高齢で食事があまり摂れない人、健康な人、それぞれに合わせて、専門的知識と技術を使って栄養指導や給食管理、栄養管理をします。さらに、栄養士への指導[6]もします。

[1] ～の名称を用いて……～という名前を使って
[2] 献立……………………料理の組み合わせ、メニュー
[3] 調理……………………料理をすること
[4] 提供……………………出すこと
[5] 助言……………………いい方法を教えること、アドバイス
[6] 指導……………………教えること

✅ 内容を確認しましょう。

1. 栄養士、管理栄養士は、それぞれ誰から免許を受けますか。

　栄養士：＿＿＿＿＿＿＿＿＿＿＿　　管理栄養士：＿＿＿＿＿＿＿＿＿＿＿

2. 栄養士の仕事内容を＿＿＿に書きましょう。

・給食や食事の ｛ ・＿＿＿＿＿＿＿＿＿
　　　　　　　　・＿＿＿＿＿＿＿＿＿
　　　　　　　　・＿＿＿＿＿＿＿＿＿

・食生活についての ＿＿＿＿＿＿＿＿＿

3. 管理栄養士は、誰に対して仕事をしますか。
・_____　　・_____
・_____

4. 管理栄養士の仕事内容を_____に書きましょう。

・専門的知識と技術を使って
　　　・_____
　　　・_____
　　　・_____

・栄養士への _____

👉ワンポイントアドバイス！

管理栄養士は、高度な専門知識と技能を使って、主に3つの栄養指導をします。
①病気や怪我をした人に、療養のため。
②個人の状態に合わせて、健康を保持したり増進したりするため。
③施設などで多くの人に対する食事の管理や栄養指導。

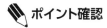 栄養士と管理栄養士

栄養士は誰から免許を受ける？

栄養士の仕事は？（4つ）

・　　　　　　　　　　　・

・　　　　　　　　　　　・

管理栄養士は誰から免許を受ける？

管理栄養士の仕事は？（4つ）

・　　　　　　　　　　　・

・　　　　　　　　　　　・

Part 2 専門職種

6 理学療法士(りがくりょうほうし)

➡『基本のことば』P3 16

❖ 「理学療法士」は具体的にどんなことをすると思いますか。

「理学療法士(Physical Therapist＝PT)」は、「理学療法士及び作業療法士法」に定められている国家資格です。厚生労働大臣の免許を受けて、医師の指示で仕事をします。

理学療法士は、リハビリテーションの専門職で、歩く、立つ、座るなどの身体の基本的動作能力の回復¹・維持²・悪化防止³のために、理学療法をします。

基本的動作能力が回復すれば、一人でトイレに行ったり、着替えたりすることができるようになり、生活がしやすくなります。

---

¹回復 ……………… よくなること
²維持 ……………… (この本文では)今の能力を持ち続けること
³悪化防止 ………… 悪くならないようにすること

✓ 内容を確認しましょう。

1. 理学療法士は、誰から免許を受けますか。

_____

2. 理学療法士は、誰の指示で仕事をしますか。

_____

3. 理学療法士は、どんな能力のためにリハビリテーションをしますか。また、それはどんなことですか。

_____ 能力 ⇒ 例えば…_____

4. 理学療法士がリハビリテーションをする目的は何ですか。

_____

6 理学療法士 Part 2

👉 ワンポイントアドバイス！

「理学療法」は、運動療法と物理療法があります。
・運動療法は、治療体操やマッサージなど
・物理療法は、温熱療法や電気刺激など
をすることです。

✏ ポイント確認　　理学療法士

誰から免許を受け、誰の指示で仕事をしている？

・誰からの免許？

・誰の指示？

どんな能力のリハビリテーションをする？　目的は？

・どんな能力？

・目的は？

Part 2 専門職種

7 作業療法士（さぎょうりょうほうし）

→『基本のことば』P3 15

❖「作業療法士」は具体的にどんなことをすると思いますか。

　「作業療法士（Occupational Therapist＝OT）」は、「理学療法士及び作業療法士法」に定められている国家資格です。厚生労働大臣の免許を受けて、医師の指示で仕事をします。

　作業療法士は、リハビリテーションの専門職で、理学療法で基本的動作能力[1]が回復した人に対して、応用的動作能力と社会的適応能力の回復のために、作業療法をします。

　応用的動作能力とは、家事やスポーツなどができる能力のことです。社会的適応能力は、学校や会社へ行ったり地域の活動に参加することができる能力のことです。

　リハビリテーションには、家事の動作や手芸[2]、書道[3]、工作[4]などの作業活動を用いることもあります。

---
[1] 基本的動作能力……起き上がる、立ち上がる、歩く、座るなどの動きができること
[2] 手芸……手先を使って何かを作ること。例えば、編み物など
[3] 書道……筆で文字を書くこと
[4] 工作……手を使って何かを作ること

✔ 内容を確認しましょう。

1. 作業療法士は、誰から免許を受けますか。

_____

2. 作業療法士は、誰の指示で仕事をしますか。

_____

3. 作業療法士の支援の対象者はどのような人で、どんな目的でしますか。

対象者：_____

目的：_____

4. 下の絵の仕事は、（A）理学療法士と（B）作業療法士のどちらの仕事でしょうか。

① （　　　）　　② （　　　）　　③ （　　　）　　④ （　　　）

考えましょう・話しましょう

作業療法士が支援する「応用的動作能力」と「社会的適応能力」は、具体的にどんなことができる力でしょうか？　みんなで考えてみましょう。
応用的動作能力は、「生活の中の色々な動作」だから…？
社会的適応能力は、例えば社会の中で何をすること…？

ポイント確認

理学療法士と作業療法士

	理学療法士	作業療法士
誰から免許を受ける？		
誰の指示で治療内容を決める？		
どんな能力を治療する？		

8 言語聴覚士

→『基本のことば』P3

❖「言語聴覚士」は具体的にどんなことをすると思いますか。

「言語聴覚士（Speech-Language-Hearing Therapist = ST）」は、「言語聴覚士法」に定められている国家資格です。厚生労働大臣から免許を受けて、言語聴覚士という名称を用いて仕事をします。

支援をするのは、言語障害[1]、聴覚障害[2]、摂食・嚥下障害[3]がある人です。言語聴覚士は、検査をして障害の原因を調べて、程度を判定します[4]。そして、コミュニケーション能力（話す・聞く・読む・書く・理解する）に必要な機能の改善や維持[5]するための訓練[6]、指導[7]、助言[8]を行います。さらに、医師の指示のもとで、嚥下訓練[9]や、補聴器[10]などの障害がある機能の代わりになる手段[11]を選ぶこともします。

[1] 言語障害 ………… 言葉に関係する障害
[2] 聴覚障害 ………… 聞くことの障害
[3] 摂食・嚥下障害 … 食べ物を食べたり飲み込むことの障害
[4] 程度を判定します … レベルを考えて決める
[5] 機能の改善や維持 … 働きをよくしたりそのままにする
[6] 訓練 ……………… あることを続けて練習して、体が覚えるようにすること
[7] 指導 ……………… 教えること ／ [8] 助言 ……… いい方法を教えること、アドバイス
[9] 嚥下訓練 ………… 食べ物を噛んだり飲み込んだりするための訓練
[10] 補聴器 …………… よく聞こえるようにつける器具 ／ [11] 手段 ……… 何かをするための道具

■ 内容を確認しましょう。

1. 言語聴覚士は、誰から免許を受けますか。

＿＿＿＿＿＿＿＿＿＿＿＿＿＿＿＿＿＿＿＿＿＿＿＿＿＿＿＿

2. 言語聴覚士の支援の対象者はどのような人ですか。3つ挙げて簡単に説明しましょう。

・＿＿＿＿＿＿＿＿者 ＝ ＿＿＿＿＿＿＿＿＿＿＿＿＿＿人

・＿＿＿＿＿＿＿＿者 ＝ ＿＿＿＿＿＿＿＿＿＿＿＿＿＿人

・＿＿＿＿＿＿＿＿者 ＝ ＿＿＿＿＿＿＿＿＿＿＿＿＿＿人

3. 言語聴覚士の仕事内容を5つ挙げましょう。

- ＿＿＿＿＿＿＿＿＿＿＿＿＿＿＿＿＿＿＿＿＿＿＿＿＿＿＿＿＿＿＿＿＿＿＿＿＿
- ＿＿＿＿＿＿＿＿＿＿＿＿＿＿＿＿＿＿＿＿＿＿＿＿＿＿＿＿＿＿＿＿＿＿＿＿＿
- ＿＿＿＿＿＿＿＿＿＿＿＿＿＿＿＿＿＿＿＿＿＿＿＿＿＿＿＿＿＿＿＿＿＿＿＿＿
- ＿＿＿＿＿＿＿＿＿＿＿＿＿＿＿＿＿＿＿＿＿＿＿＿＿＿＿＿＿＿＿＿＿＿＿＿＿
- ＿＿＿＿＿＿＿＿＿＿＿＿＿＿＿＿＿＿＿＿＿＿＿＿＿＿＿＿＿＿＿＿＿＿＿＿＿

考えましょう・話しましょう

コミュニケーション能力（話す・聞く・読む・書く・理解する）に必要な機能とは、具体的にどのようなものでしょうか。みんなで考えてみましょう。例えば、話すとき…体のどの部位を使う？　どんなことができなければならない？　他にはどうでしょうか？

ポイント確認

言語聴覚士

誰から免許を受ける？

どのような人に対して仕事をしている？（3つ）

-
-
-

言語聴覚士の仕事は？（5つ）

- ・
- ・
- ・
- ・
- ・

Part 3 高齢者にみられる主な病気・症状

1 生活習慣病
2 誤嚥性肺炎
3 失禁
4 目と耳と口の病気・症状
5 心臓の病気・症状
6 脳の病気・症状
7 認知症
8 骨と関節の病気・症状
9 骨粗鬆症
10 廃用症候群（生活不活発病）
11 褥瘡（床ずれ）
12 感染症
13 ノロウイルス

Part 3 高齢者にみられる主な病気・症状

1 生活習慣病

➡『基本のことば』P51　405

❖「生活習慣病」とは、どんな病気だと思いますか。
❖ どんな生活をしていると、この病気になりやすくなるでしょうか。

厚生労働省は、「生活習慣病」を、「食習慣、運動習慣、休養、喫煙、飲酒等の生活習慣が、その発症[1]・進行[2]に関与する[3]疾患群[4]」と定義しています。例えば、高血圧、脂質異常症、糖尿病、肥満、心臓病、脳卒中、がんなどで、主に中年期[5]以降に発症する疾患群です。以前は、成人病と呼ばれていました。そして、生活習慣病の中で、「がん」「脳卒中」「心臓病」は三大生活習慣病と言われていて、日本人の死因[6]の約6割を占めています。

　生活習慣病の予防には、 ① に睡眠をとる、 ② を十分とる、食事は1日3回規則正しく食べる、 ③ のとれた食事を摂る、 ④ を定期的にする、飲酒は適量にする、喫煙しない、 ⑤ をためない、ということがあります。

[1] 発症 ………… 病気が起きること　／　[2] 進行 ………… 病気が進むこと
[3] ～に関与する ……… ～に関係している　／　[4] 疾患群 ……… 病気のグループ
[5] 中年期 ……… 40～65歳の年代　／　[6] 死因 ……… 亡くなる原因

☑ 内容を確認しましょう。

1. 生活習慣病の中で、日本人の死因順位として高いものはどれですか。

・＿＿＿＿＿＿＿＿＿　・＿＿＿＿＿＿＿＿＿　・＿＿＿＿＿＿＿＿＿

　　　　　　　　⇒　これらを ＿＿＿＿＿＿＿＿＿＿＿＿ という

2. 生活習慣病の原因は何ですか。つまり、どのようなことでしょうか。自分の言葉で説明しましょう。

＿＿＿＿＿＿＿＿＿＿＿＿＿＿＿＿＿＿＿＿＿＿＿＿＿＿＿＿＿＿＿＿＿＿＿＿

つまり、＿＿＿＿＿＿＿＿＿＿＿＿＿＿＿＿＿＿＿＿＿＿＿＿＿＿＿＿＿＿＿＿

1 生活習慣病 Part 3

3. 生活習慣病は具体的にどんな病気ですか。

_____

4. 生活習慣病は、以前は何と呼ばれていましたか。

_____

5. 生活習慣病の予防について、本文の ① ～ ⑤ に入る言葉を考えて書きましょう。

① _____　② _____　③ _____

④ _____　⑤ _____

考えましょう・話しましょう

みなさんの国で多い死因は何ですか？
生活習慣病になる人は多いですか？
わからなければ、調べて、みんなで話してみましょう！

ポイント確認

生活習慣病

生活習慣病になる原因は？
_____ の乱れ

具体的にどんな病気？（7つ）
・　　　　　・　　　　　・　　　　　・
・　　　　　・　　　　　・

生活習慣病の予防のポイントは？（8つ）
・　　　　　・　　　　　・　　　　　・
・　　　　　・　　　　　・　　　　　・

2 誤嚥性肺炎

→『基本のことば』P148

❖「誤嚥性肺炎」とは、どんな病気だと思いますか。
❖ どんな予防法があると思いますか。

　「誤嚥」とは、食物や唾液が食道に入らずに、誤って¹気道に入ってしまうことです。高齢者は咀嚼機能²や嚥下機能³が弱くなってくるので、誤嚥を起こしやすくなります。
　また、「誤嚥性肺炎」は、誤嚥した食べ物や唾液と一緒に肺に細菌⁴が入って起こる病気です。
　誤嚥性肺炎の予防法は、口腔ケアをすること、摂食⁵時や食後の姿勢に気を付けること、メニューや食事形態⁶を工夫することなどです。

1 誤って……………間違って
2 咀嚼機能…………噛むことができる力
3 嚥下機能…………食べ物や飲み物を飲み込むことができる力
4 細菌………………病気の原因になる、とても小さな生物
5 摂食………………食事をすること
6 食事形態…………食事の形や状態

☑ 内容を確認しましょう。

1. 誤嚥とは何ですか。簡単に説明しましょう。

_____

2. どうして高齢者は誤嚥しやすいのですか。

_____

3. どうして誤嚥性肺炎になるのですか。簡単に説明しましょう。

_____

2 誤嚥性肺炎 Part 3

4. 誤嚥性肺炎の予防法を3つ挙げましょう。

- _____
- _____
- _____

👉 ワンポイントアドバイス！

誤嚥は、とても注意が必要です。
食べ物が気道をふさいでしまうと、息ができなくて、死んでしまうかもしれません。それに、高齢者にとって肺炎はとても恐い病気です。死につながることも多くあります。
日ごろから特に気を付けたいことの1つですね！

✏️ ポイント確認 　　誤嚥性肺炎

高齢者の誤嚥の原因は？

誤嚥性肺炎の原因は？
原因：_____ ⇒ ____誤嚥性肺炎____ になる

誤嚥性肺炎の予防法は？（3つ）
-
-
-

3 失禁

→『基本のことば』P62 514

❖ 「失禁」とは、何だと思いますか。
❖ どうして「失禁」するのでしょうか。

「失禁」とは、尿や便などが自分の意志[1]とは関係なく、出てしまうことです。加齢[2]により、体の機能が障害を負うことが原因です。そして、尿を失禁することを尿失禁、便を失禁することを便失禁といいます。特に高齢者に多くみられます。

また、感情のコントロールが難しくなる感情[3]失禁（情動[3]失禁）というものもあります。小さなことで泣いたり、笑ったり、怒ったりし、特に認知症の人に多くみられます。

[1] 意志 …………… 気持ち、考え
[2] 加齢 …………… 年をとること
[3] 感情／情動 …… 気持ち

☑ 内容を確認しましょう。

1. 失禁とは何ですか。
_____

2. 失禁の種類を3つ挙げましょう。

・_____ ・_____ ・_____

3. 失禁はどうしてしてしまいますか。また、どのような人に多いですか。

原因：_____

誰：_____

4. 感情失禁は、どんな人に多くみられますか。
_____

ワンポイントアドバイス！

尿失禁にはいろいろな種類があります。
① 腹圧性尿失禁：咳やくしゃみ、大笑いしたときなど、お腹に力が入ったときの失禁。この失禁は女性に多くみられます。
② 機能性尿失禁：体の運動機能の低下などが原因で、排尿動作や今いる場所がトイレかどうかの判断がうまくできないために起こる失禁。この失禁は認知症の人に多くみられます。
③ 切迫性尿失禁：急に尿がしたくなり、トイレまで間に合わずに起こる失禁。
④ 溢流性尿失禁：トイレでは尿を出したいのに出せなく、尿が少しずつ出てしまう失禁。

ポイント確認　　失禁

失禁とは？

原因は？

どんな失禁がある？（3つ）

-
-
-

4 目と耳と口の病気・症状

➡『基本のことば』P54

❖ 高齢者にみられる目と耳と口の病気や症状にはどんなものがあるでしょうか。

　加齢に伴い、目、耳、口の機能もだんだん衰え[1]、様々な病気や症状がみられるようになります。
　目の衰えには、老眼[2]というものがあり、遠くのものは見えますが、近くのものは見えにくいという症状が起きます。また、主な病気に、白内障、緑内障があります。白内障は目がかすんで[3]物がよく見えなくなる病気で、緑内障は、視力[4]や視野[5]に障害が起きる病気です。その他、加齢黄斑変性症という視力が低下したり、物が曲がって見えるようになったりする病気もあります。
　また、耳も、60歳を過ぎると、高い音が聞き取りにくくなったりする加齢性難聴があります。
　口の中も様々な老化現象が起こります。高齢者は口の中に何らかの問題を抱えています。たとえば、虫歯、舌苔[6]、口内炎[7]、歯周病[8]などがあります。口の中の炎症により、大きな病気につながることもあるので、口腔ケアはしっかり行う必要があります。

[1] 衰え　　　　　力が弱くなって
[2] 老眼　　　　　遠くは見えるが、近くのものは見えにくい症状
[3] 目がかすんで　目がぼやけて（くもって）
[4] 視力　　　　　目が見える力
[5] 視野　　　　　見える範囲
[6] 舌苔　　　　　舌に付いている白いもの
[7] 口内炎　　　　口の中や周辺に起こる炎症
[8] 歯周病　　　　歯肉に炎症が起きて、歯を支えている骨を溶かしていく病気

☑ 内容を確認しましょう。

1. 目の病気を3つ挙げましょう。

・＿＿＿＿＿＿＿＿＿＿　・＿＿＿＿＿＿＿＿＿＿　・＿＿＿＿＿＿＿＿＿＿

2. 耳の病気を答えましょう。また、その症状についても挙げましょう。

＿＿＿＿＿＿＿＿：＿＿＿＿＿＿＿＿＿＿＿＿＿＿＿＿＿＿

3. 口の中にみられる老化現象にはどんなものがありますか。（自分でも考えてみましょう。）

_____

4. どうして口腔ケアをしっかりとする必要があるのでしょうか。

_____

👉ワンポイントアドバイス！

目の病気の症状は、次のようなことが原因だそうです。
白内障：目の水晶体が白くくもるため、見にくくなる症状が起きます。
緑内障：眼圧が上がって視神経が圧迫、障害されるため、視野が狭くなります。
加齢黄斑変性症：黄斑に様々な異常が生じます。

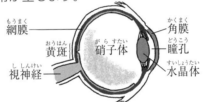

✏ポイント確認 — 目と耳と口の病気・症状

高齢者に多い目の病気は？（3つ）

・

・

・

高齢者に多い耳の病気は？

高齢者に多い口の中の病気は？（2～3つ）

5 心臓の病気・症状

→『基本のことば』P56

❖ 高齢者にみられる心臓の病気や症状にはどんなものがあるでしょうか。

高齢者は、加齢に伴い、心臓の機能や筋肉が衰えていきます。
　虚血性心疾患とは、心臓の血管が狭くなったり、詰まったりして、心臓に十分に血液が届かなくて起こる疾患です。主なものに狭心症と心筋梗塞があります。狭心症は、心臓の血管が狭くなって、息が苦しくなり、胸が押される感覚や、強い痛みがあります。心筋梗塞は、心臓の血管が詰まって、非常に強い痛み、呼吸困難や意識障害などが起こります。そして、命の危険が高いので、すぐに治療を受ける必要があります。
　高齢者は、痛みを感じなかったり、胸ではなく上腹部[1]に痛みを感じることがあるため、注意が必要です。

[1] 上腹部……お腹の臍より上の部分

✓ 内容を確認しましょう。

1. 虚血性心疾患の「虚血」とはどのような意味でしょうか。考えて書きましょう。

_____

2. 虚血性心疾患とはどのような病気ですか。

_____

3. 虚血性心疾患には主にどんな病気がありますか。2つ挙げましょう。

・_____　・_____

4. 3で挙げた病気の特徴をまとめましょう。

病名		
原因	心臓の血管が＿＿＿＿＿＿	心臓の血管が＿＿＿＿＿＿
症状・特徴		

5. 高齢者の心臓の病気に関して、注意すべきことは何ですか。

_____

ポイント確認　　心臓の病気・症状

心臓の病気で代表的なものは？（2つ）

・

・

どんな病気？

気を付けることは？（2つ）

・

・

6 脳の病気・症状

→『基本のことば』P52

❖ 「脳血管障害」とは、どんな病気だと思いますか。
❖ 脳の病気には、どんなものがあるか知っていますか。

脳は、人間の身体全体をコントロールしている、非常に重要なところです。「脳血管障害」とは、脳が障害を受けて[1]、身体の機能に影響が出る病気で、脳卒中ともいいます。

脳血管障害には、脳の血管が詰まって起こる脳梗塞と、脳の血管が破れて起こる頭蓋内出血があります。そして、脳梗塞には、脳塞栓と脳血栓があります。頭蓋内出血には、脳出血とクモ膜下出血があります。

脳血管障害が起きると、意識がなくなったり、ろれつが回らなくなった[2]り、手足がしびれるなどの症状が出ます。気が付いたらすぐに診察・治療が必要ですが、後遺症[3]が残る場合もあります。

[1] 脳が障害を受けて……脳の細胞（一部分）が死んで
[2] ろれつが回らない………言葉がうまく話せなくなる状態
[3] 後遺症…………………病気が治ってからも、影響が残ること

✓ 内容を確認しましょう。

1. 脳血管障害は、他に何といいますか。

   脳血管障害　＝　[　　　　　　　　　　　　]

2. 脳血管障害とはどのような病気ですか。簡単にまとめましょう。（何が原因で、どんな症状？）

   _____

3. 脳血管障害には、大きく分けて、2つの種類があります。それぞれの原因と、病名を書きましょう。

   ・_____

   原因：_____　病名：_____

・_____

　原因：_____　病名：_____

4. 脳血管障害が起きた場合、どうしたらいいですか。

_____

👍ワンポイントアドバイス！

生活習慣を整えたり、高血圧や脂質異常症にならないように気を付けることが脳血管障害の予防につながります！

✏ ポイント確認　　脳の病気・症状

脳血管障害の別名は？

脳血管障害の原因と症状は？
・原因：

・症状：

脳血管障害の種類は？（2つ）
・
・

脳血管障害への対応は？

7 認知症

→『基本のことば』P53 421

❖ 「認知症」とは、どんな病気だと思いますか。
❖ 「認知症」と「物忘れ」は、同じでしょうか。

　「認知症」とは、正常に発達した成人の脳が障害を受けて[1]、認知機能[2]が低下し、日常生活に支障がある[3]状態のことをいいます。脳の器質的な変化[4]によって起こるので、老化によって起きる物忘れとは区別をします。
　認知症には、アルツハイマー型認知症、血管性認知症、レビー小体型認知症、前頭側頭型認知症（ピック病）などの種類があります。
　多くの認知症は進行性で、症状はゆっくりと始まり、徐々に[5]悪化していきます。そして、症状の現れ方はケアの仕方も影響するので、不安感や自尊心などに配慮し[6]、心情を尊重して[7]対応することが必要です。

[1] 脳が障害を受けて……脳の細胞（一部分）が死んで
[2] 認知機能……………物事の記憶、思考、判断、人とのコミュニケーションなど、日常生活を送るために必要な脳の働きのこと
[3] 支障がある…………不自由なことがある（〜することが難しい）
[4] 脳の器質的な変化…脳の作りや形が変わること
[5] 徐々に………………だんだん
[6] 自尊心などに配慮し…プライド（自分を大切に思う気持ち）に気を付けて
[7] 心情を尊重して……（利用者の）気持ちを大切にして

✓ 内容を確認しましょう。

1. 認知症とはどのような病気ですか。簡単にまとめましょう。（何が原因で、どんな症状？）

_____

2. 加齢による物忘れとの違いは何ですか。

_____

3. ほとんどの認知症の症状は、時間が経つにつれてどうなりますか。

___

4. 認知症の人に対しては、どのように接することが望ましいですか。

___

👉 ワンポイントアドバイス！

日本では、高齢化により、認知症の高齢者が増えています。
介護をする上では、認知症についてよく知っておきましょう！

💬 考えましょう・話しましょう

認知機能が低下すると、記憶、思考、判断、人とのコミュニケーションなどがうまくできなくなります。そうなった場合、日常生活の中では、どんなことが問題になるでしょうか。
考えてみましょう！

✏ ポイント確認

認知症

認知症の原因は？

認知症の特徴は？（2つ）

-
-

認知症の人への対応は？（2つ）

-
-

Part 3 高齢者にみられる主な病気・症状

8 骨と関節の病気・症状

→『基本のことば』P60

❖ 高齢者にみられる骨と関節の病気や症状にはどんなものがあるでしょうか。
❖ 高齢者が骨折しやすい部位はどこだと思いますか。

加齢に伴って、骨や関節の病気を持つ高齢者が多くいます。
　関節に関するものでは、関節リウマチ、変形性膝関節症、変形性脊椎症があります。関節リウマチは40～50歳代の女性に多い病気で、関節に腫れや痛みが起こります。悪化すると関節が変形して、動かせる範囲が狭くなります。また、変形性膝関節症は50歳以上の肥満の女性に多く、膝の内側に痛みがあって、<u>O脚に変形しやすい</u>です。変形性脊椎症は中年以降に起こり、腰を中心に下肢に痛みがあります。
　骨に関するものには、骨粗鬆症や骨折があります。骨粗鬆症は、骨量[1]や骨密度[2]が低くなって、骨折しやすくなる病気です。高齢者の骨折は深刻な問題で、転倒が原因で骨折し、寝たきりになってしまうというケースが少なくありません。

[1] 骨量 ……… 骨の中のカルシウムなどの量
[2] 骨密度 …… 骨の中のカルシウムなどの量から、骨の強さを表すもの

☑ 内容を確認しましょう。

1. 関節に関する病気・症状を下の表にまとめましょう。

	関節リウマチ		変形性脊椎症
特徴	40～50歳代の女性に多い		
症状			

2. 本文中の「O脚に変形しやすい」というのは、どのようなことでしょうか。

8 骨と関節の病気・症状 Part 3

👉 ワンポイントアドバイス！

高齢者に多い骨折部位は、①上腕骨頸部、②脊椎、③橈骨遠位端、④大腿骨頸部で、この中で高齢者の転倒による骨折で最も多いのは、大腿骨頸部骨折といわれています。イラストで、場所を確認しましょう。

【高齢者に多い骨折部位】

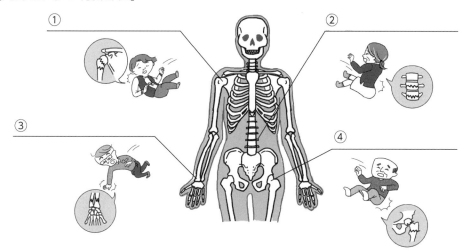

💬 考えましょう・話しましょう

どうして高齢者の「骨折」は深刻な問題なのでしょうか。考えてみましょう。

✏️ ポイント確認

骨と関節の病気・症状

関節の病気・症状は？（3つ）

-
-
-

骨の病気・症状は？（2つ）

-
-

Part 3 高齢者にみられる主な病気・症状

9 骨粗鬆症（こつそしょうしょう）

→『基本のことば』P60 501

❖「骨粗鬆症」とは、どんな病気だと思いますか。

骨は、骨形成[1]と骨吸収[2]を繰り返しています。「骨粗鬆症」とは、形成と吸収のバランスが崩れて、骨量の減少、骨密度[3]の低下、骨質の劣化[4]が起こって、骨に小さな穴がたくさんできるために、骨折しやすくなる病気です。

背骨がもろくなる[5]と、背中や腰が痛む、体の重みで背中や腰が曲がる、身長が縮むなどの症状が出ます。そして、重症になると、日常生活中のくしゃみや転倒などのわずかな衝撃[6]で骨折することがあります。

高齢者や閉経[7]後の女性に発症することが多いです。

[1] 骨形成 …………骨が新しく作られること
[2] 骨吸収 …………骨が溶けて、なくなること
[3] 骨密度 …………骨の中のカルシウムなどの量から、骨の強さを表すもの
[4] 劣化 ……………悪くなること
[5] もろくなる ……弱くなる
[6] 衝撃 ……………ショック、当たって打つこと
[7] 閉経 ……………年をとって、月経がなくなること

✓ 内容を確認しましょう。

1. なぜ骨の状態が悪くなるのですか。

_____

2. 骨の状態が悪くなると、骨にどんなことが起こりますか。3つ挙げましょう。

・_____　・_____　・_____

3. 背骨が弱くなると、どのような症状が出ますか。3つ挙げましょう。

・_____　・_____

・_____

4. 骨粗鬆症が重症化すると、どのようなことで骨折することがありますか。

___

5. 骨粗鬆症の発症率が特に高いのは、どんな人ですか。

___

👉 ワンポイントアドバイス！

骨粗鬆症により起こった痛みや骨折がきっかけで、寝たきりになる人も少なくありません。骨が弱くならないように、カルシウムなどの栄養をとって、運動をすることが大切ですね！

 ポイント確認　　　骨粗鬆症

骨粗鬆症の原因は？　骨の変化は？
・原因：

・骨の変化（3つ）：
・　　　　　　　　・　　　　　　　　・

どんな症状が出る？（3つ）
・　　　　　　　　・　　　　　　　　・

どんな人に多い？（2つ）
・

・

10 廃用症候群（生活不活発病）

➡『基本のことば』P64　531　532

❖「廃用症候群（生活不活発病）」とは、どんな病気だと思いますか。

「廃用症候群」とは、病気や怪我などで、寝たきりの状態が長くなって、心や身体の機能を十分に使わないで過ごすうちに、その機能が低下していく病気です。「生活不活発病」ともいわれています。

症状には、関節の拘縮¹・筋力低下・骨粗鬆症などの運動器官の機能低下、褥瘡・起立性低血圧²などの循環器³の機能低下、便秘などの自律神経⁴の機能低下、うつ状態・睡眠障害などの精神面の機能が低下して起こるものなどがあります。

予防には、寝たきりの状態を続けないことと、生活で使う機能の維持や向上を支援していくことが大切です。座位をとったり、ベッド上でも体を動かす運動をすることがあります。

¹ 関節の拘縮 ……… 関節がかたくなり動かしにくくなる状態
² 起立性低血圧 …… 座ったり横になっている状態から立ち上がったときに、頭がくらくらする病気
³ 循環器 …………… 栄養物や酸素などを体の各部分に運んだり、体内でいらなくなったりするものを集めて運ぶ器官
⁴ 自律神経 ………… 体の意志と関係なく、内臓や血管などを自動的に調節する神経

■ 内容を確認しましょう。

1. 廃用症候群は、他に何といいますか。

　　廃用症候群 ＝ ☐

2. 廃用症候群とはどのような病気ですか。

―――――――――――――――――――

3. 廃用症候群になる原因は何ですか。

―――――――――――――――――――

4. 予防に必要なことは何ですか。2つ挙げましょう。

- _____
- _____

👉 ワンポイントアドバイス！

廃用症候群（生活不活発病）は、入院がきっかけで発症する人が多いです。本人の状態によって、歩いたり、ベッドから起き上がったりするなど、できることをして、発症防止を心がけなければなりませんね！

✏ ポイント確認 — 廃用症候群

廃用症候群はどんな人に生じる？

廃用症候群が生じる原因は？

予防に必要なことは？（2つ）
-
-

11 褥瘡(床ずれ)

→ 『基本のことば』P64　533　534

❖ 「褥瘡」とは、何でしょうか。
❖ 「褥瘡」はどうしてできるのでしょうか。症状、予防法について考えてみましょう。

　「褥瘡」とは、身体の一部分が長い時間圧迫を受け¹、血液の循環障害²が起こって、皮膚やその周辺に栄養が行かないために、組織³が死んでしまった状態のことです。「床ずれ」ともいわれます。
　初めの症状は、皮膚の一部に発赤、ただれ、水疱などがみられます。そして、皮膚損傷が進むと、骨まで変化が及び感染症を併発します⁴。褥瘡は、寝たきりや麻痺などで体位を変えられない人にできやすく、肩甲骨部、仙骨部、足の踵の部分など骨が他の部分より高くなっている部分によくできます。
　予防法は、体位変換⁵などで圧迫を除去する⁶こと、汗・汚物などで身体が不潔にならないように皮膚を保護すること、シーツや寝巻などによる摩擦(ずれ)を防止すること、栄養状態の改善をすることなどがあります。

---

¹圧迫を受け ……… 強く押し付けられて　／　²循環障害 …… 血が体を回りにくくなること
³組織 ……………… 同じ形態、機能(働き)を持った1つの集まり
⁴併発します ……… 同時に病気にかかる
⁵体位変換 ………… 体の向きや姿勢を変えること
⁶圧迫を除去する … 強く押し付けられない状態にする

✓ 内容を確認しましょう。

1. 褥瘡は、他に何といいますか。

　　褥瘡 ＝ ☐

2. 褥瘡が生じる原因は何ですか。簡単な言葉で説明しましょう。

　　_____

3. 褥瘡の初期症状と悪化した症状の状態を説明しましょう。

初期症状：_____

11 褥瘡（床ずれ） Part 3

悪化した症状：_____

4. どのような人に多くみられる症状ですか。

_____

5. どのような部位に多くみられますか。

_____

6. 横向きの姿勢で長時間寝ていた場合、どの部位に褥瘡ができると思いますか。イラストに印をつけて、部位を書きましょう。

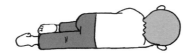

7. 予防はどのようにしたらいいでしょうか。4つ挙げましょう。

・_____　　・_____

・_____　　・_____

✎ ポイント確認　　褥瘡

褥瘡が生じる原因は？（2つ）

・　　　　　　　　　　　・

どんな症状？（4つ）

・　　　・　　　　・　　　・

どんな人に多い？（2つ）

・　　　　　　　　　　　・

どんな部位にできる？

・

予防法は？（4つ）

・　　　・　　　　・　　　・

12 感染症

→ 『基本のことば』P65　543

❖ 「感染症」には、どんなものがあるでしょうか。
❖ 「感染症」の予防法について考えてみましょう。

　代表的な感染症には、インフルエンザ、肺炎、感染性胃腸炎などがあります。感染症は、ウイルスや細菌[1]によって引き起こされる病気です。
　まず、インフルエンザは、急な高熱、筋肉痛、関節痛など全身に症状が表れます。空気感染[2]、飛沫感染[3]、接触感染[4]するため、流行します。予防接種が有効です。
　また、肺炎は、症状に咳、発熱、呼吸困難、痰などがありますが、高齢者の場合、はっきりとした症状が出ないこともあるので注意が必要です。肺炎にかかる高齢者の多くは、誤嚥性肺炎[5]です。
　そして、感染性胃腸炎は、ノロウイルスなどが原因の胃腸炎です。発熱、嘔吐、下痢などの症状があり、秋から冬にかけて流行することが多いです。排泄物から感染が広がるので、処理には注意が必要です。
　高齢者は免疫力が低下して、感染症にもかかりやすくなっているので、高齢者介護施設などでは、集団感染に注意しなければなりません。

[1] ウイルスや細菌 ……… (この本文では) 病気を引き起こす原因になるとても小さな (目に見えないくらいの) 生物
[2] 空気感染 ……… 空気中にウイルスや細菌が飛んで、感染すること
[3] 飛沫感染 ……… 咳やくしゃみで飛んだ唾液で感染すること
[4] 接触感染 ……… 感染している人の唾や鼻水が手から手、または、物などを通して手について感染すること
[5] 誤嚥性肺炎 ……… 誤嚥した食べ物や唾液と一緒に肺に細菌が入って起こる病気

✓内容を確認しましょう。

1. 感染症の原因は、何ですか。

_____

2. 感染症の代表的な病気と、それぞれの病気の症状と特徴について答えましょう。

　①病名：_____

症状：＿＿＿＿＿＿＿＿＿＿＿＿＿＿＿＿＿＿＿＿＿＿＿＿＿＿＿＿＿＿＿＿＿＿＿

特徴：＿＿＿＿＿＿＿＿＿＿＿＿＿＿＿＿＿＿＿＿＿＿＿＿＿＿＿＿＿＿＿＿＿＿＿

②病名：＿＿＿＿＿＿＿＿＿＿＿＿＿＿＿＿＿＿＿＿＿＿

症状：＿＿＿＿＿＿＿＿＿＿＿＿＿＿＿＿＿＿＿＿＿＿＿＿＿＿＿＿＿＿＿＿＿＿＿

特徴：＿＿＿＿＿＿＿＿＿＿＿＿＿＿＿＿＿＿＿＿＿＿＿＿＿＿＿＿＿＿＿＿＿＿＿

③病名：＿＿＿＿＿＿＿＿＿＿＿＿＿＿＿＿＿＿＿＿＿＿

症状：＿＿＿＿＿＿＿＿＿＿＿＿＿＿＿＿＿＿＿＿＿＿＿＿＿＿＿＿＿＿＿＿＿＿＿

特徴：＿＿＿＿＿＿＿＿＿＿＿＿＿＿＿＿＿＿＿＿＿＿＿＿＿＿＿＿＿＿＿＿＿＿＿

3. 高齢者が感染症にかかりやすいのは、どうしてですか。

＿＿＿＿＿＿＿＿＿＿＿＿＿＿＿＿＿＿＿＿＿＿＿＿＿＿＿＿＿＿＿＿＿＿＿＿＿＿＿

4. 施設や病院では、何に気を付けなければなりませんか。

＿＿＿＿＿＿＿＿＿＿＿＿＿＿＿＿＿＿＿＿＿＿＿＿＿＿＿＿＿＿＿＿＿＿＿＿＿＿＿

 ポイント確認　　　感染症

感染症が生じる原因は？（2つ）

・　　　　　　　　　　　　　　・

代表的な感染症とは？（3つ）

・　　　　　　・　　　　　　・

高齢者がかかりやすい理由は？

13 ノロウイルス

❖「感染症」には、どんなものがありましたか。
❖「ノロウイルス」はどんなウイルスでしょうか。

　「ノロウイルス」は「感染性胃腸炎」の原因となるウイルスです。その原因食材は牡蠣のような二枚貝で、年間を通して発生しますが、主に冬（11月頃から2月）に流行します。主な症状に、発熱、腹痛、嘔吐[1]、下痢[2]があります。症状は1〜3日程度続いた後、治癒します[3]。

　感染経路[4]には、汚染された牡蠣などを十分に加熱調理しないで、食べて感染する「経口感染」、汚染された手指、物品等に接触することにより感染する「接触感染」、感染している人の下痢便や嘔吐物が飛び散り、ウイルスを吸いこんで感染する「飛沫感染」などがあります。また、他のウイルスと比べて感染力が強く、集団生活の場である高齢者施設などでは、集団感染を引き起こすことがあります。

　予防として、原因食材である二枚貝等は加熱調理してから摂食する[5]、トイレや帰宅後の手洗い、<u>嘔吐物や排泄物[6]の適切な処理</u>などがあります。

[1] 嘔吐 ……… 吐くこと
[2] 下痢 ……… 便が水のような形で出ること
[3] 治癒します ……… 治る
[4] 感染経路 ……… ウイルスがうつる順、原因
[5] 摂食する ……… 食べ物を食べる
[6] 排泄物 ……… 大便と小便

二枚貝

✓ 内容を確認しましょう。

1. ノロウイルスが原因の病気は何ですか。

_____

2. ノロウイルスの原因食材、流行する時期、症状はどんなものですか。

原因食材：_____　　流行する時期：_____

症状：_____

3. 感染経路にはどんなものがありますか。3つ挙げましょう。

・_____　・_____　・_____

4. 予防法は何がありますか。3つ挙げましょう。

・_____　・_____

・_____

👍 ワンポイントアドバイス！

ノロウイルスは、主に冬（11月頃から2月）に流行しますよね。
ですから、「冬の感染症」ともいわれるんですよ。

💬 考えましょう・話しましょう

予防として、「嘔吐物や排泄物の適切な処理」とありますが、
適切な処理とはどんなものでしょうか。考えてみましょう。

✏️ ポイント確認　　ノロウイルス

原因食材と流行時期は？
・食　材：
・流行時期：

症状は？（4つ）
・　　　　　・　　　　　・　　　　　・

感染経路は？（3つ）
・　　　　　・　　　　　・

予防法は？（3つ）
・　　　　　・　　　　　・

Part 4 業務で必要な知識

1 チームアプローチ
2 福祉用具
3 ADL と IADL
4 バイタルサイン
5 入浴介助
6 食事介助
7 排泄介助
8 移乗介助
9 ボディメカニクス
10 声かけと傾聴
11 記録
　（業務日誌、ケース記録、
　ヒヤリハット・事故報告書など）
12 介護過程

Part 4 業務で必要な知識

1 チームアプローチ

❖ 介護に関係する職種にはどのようなものがありますか。
❖ 「チームケア」とは、何でしょうか。
❖ 「チームアプローチ」とは、何でしょうか。

　介護をするときには、医療、福祉、保健など、関連する専門職でチームを作ります。そして、それぞれの専門性を生かしてするケアを「チームケア」といいます。さらに、多職種のチームで同じ目標を持って、総合的[1]で継続的[2]な支援をすることを「チームアプローチ」といいます。「チームアプローチ」は「多職種[3]連携[4]」ともいいます。
　この方法は、専門職がお互いの専門性を理解し、それぞれの業務範囲を尊重して、それぞれの立場からの意見を交換しながら支援・治療を進めることが重要です。

[1] 総合的………様々なものが1つにまとまった　／　[2] 継続的………続けて行う
[3] 多職種………様々な職業
[4] 連携…………(同じ目的のために)連絡を取り合いながら、多くの人が協力すること

✓ 内容を確認しましょう。

1. 介護するとき、利用者の支援に関係する専門職にはどのような分野がありますか。

_____

2. チームケアとはどのようなケアですか。

_____

3. チームアプローチとは何ですか。

_____

4. チームアプローチを行うにあたり、重要なポイントを3つ挙げましょう。

・_____　　・_____

・_____

1 チームアプローチ Part 4

👉 ワンポイントアドバイス！

チームアプローチは、専門職の他にも、家族、友人、民生委員、ボランティアなどと連携することも大切です。要介護者に関わる人、みんなで支援をすることが大切ですね！

💪 やってみよう

チームアプローチに関わる専門職にはどのような人がいますか。
本文にないものでも、考えて表に書きましょう！
介護の現場では、どんな人が働いていたかな…？

分野	職種
医療関係	
社会福祉関係	

✏️ ポイント確認 / チームアプローチ

チームケア、チームアプローチには、誰が関わる？

チームケアとは？

チームアプローチとは？

チームアプローチのポイントは？ （3つ）

・　　　　　・　　　　　・

67

Part 4 業務で必要な知識

2 福祉用具

→『基本のことば』P18 120

- ❖「福祉用具」は、どのような人が使いますか。
- ❖「福祉用具」には、どのようなものがあるでしょうか。

　「福祉用具」は、要介護者・要支援者が自宅での生活がしやすいように使用する、用具や補装具¹のことです。借りるものと買わなければならないものがあります。介護保険で利用できます。

　福祉用具を借りる制度は、「福祉用具貸与²」といいます。一方、買って使用する制度を「特定福祉用具販売³」といいます。「特定福祉用具販売」では、入浴や排泄の際に、直接肌に触れるものを買うことができます。

¹ 補装具 ……… 失われた身体の一部、あるいは機能を補うために、身体障害者がつけるもの
² 貸与 ………… 貸すこと
³ 販売 ………… 売ること

☑ 内容を確認しましょう。

1. 福祉用具はどのようなものですか。

_____

2. 費用はすべて自分で払わなければなりませんか。

_____

3. 福祉用具は大きく2つに分けられますが、どのようなものですか。その制度の名称も答えましょう。

　・_____ = 制度：_____

　・_____ = 制度：_____

4. 借りることができないものの名称は何ですか。また、どのようなものですか。

　名称：_____ ：_____

2 福祉用具 Part 4

👉 ワンポイントアドバイス！

福祉用具を活用することで、要介護者や要支援者が、できるだけ自立した生活を送れるようになります。そして、介護者の負担も減らすことができますね。

💪 やってみよう

これらのイラストは、何という福祉用具でしょうか。□から選んでください！　さあ、どのくらいわかるかな…？

a 自助具　b 特殊寝台　c 床ずれ防止用具　d 体位変換器　e 歩行補助杖　f 歩行器
g 車椅子　h 手すり　i 移動用リフト　j 入浴補助用具　k 腰掛便座（ポータブルトイレ）

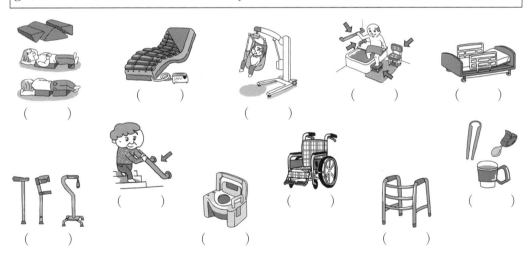

✏️ ポイント確認

福祉用具

福祉用具はどのようなもの？

福祉用具を使うときの制度は？（2つ）
・　　　　　　　　　　　　・

Part 4 業務で必要な知識

3 ADLとIADL

❖ 「日常生活動作」には、どんなものがありますか。
❖ 「手段的日常生活動作」には、どんなものがありますか。

　「ADL（Activities of Daily Living）」は、「日常生活動作」ともいいます。人が日常生活を送る上で、①毎日繰り返す基本的な動作のことです。これは、要介護者などが、どのくらい自立して日常の生活が送れているかという指標[1]の1つでもあります。
　一方、「IADL（Instrumental Activity of Daily Living）」は、手段的日常生活動作のことです。日常生活に必要で、②ADLより複雑で応用的な動作のことをいいます。
　一般的には、ADLが自立していると、介護を必要としない状態であると考えられていますが、ADLだけではなく、IADLも生活の自立度を測るには必要なものだと考えられています。

[1] 指標……何かを考えるときのしるし

☑ 内容を確認しましょう。

1. ADLとIADLはそれぞれ、日本語で何といいますか。

   ADL = _____　　IADL = _____

2. ADLの「①毎日繰り返す基本的な動作」というのは、具体的にどんな行為、行動がありますか。考えて書きましょう。

   _____

3. IADLの「②ADLより複雑で応用的な動作」というのは、具体的にどんな行為、行動がありますか。考えて書きましょう。

   _____

4. ADL と IADL は、何に活用されていますか。

___

💪 やってみよう

下の動作を ADL と IADL に分類してみよう！
基本的な動作は…？　応用的な動作は…？

| 排泄　整容　外出　買い物　料理　入浴 |
| 携帯電話の利用　移動　洗濯　お金の管理　整理整頓 |
| 交通機関の利用　更衣　食事　薬の管理　掃除 |

ADL	IADL

✏ ポイント確認　　ADL と IADL

ADL とは？

　⇒ 具体的な例は？

IADL とは？

　⇒ 具体的な例は？

ADL と IADL は何の指標となる？

Part 4 業務で必要な知識

4 バイタルサイン

➡『基本のことば』P83 713

❖「バイタルサイン」の意味は何でしょうか。
❖「バイタルサイン」とは、何のことを言うのでしょうか。

「バイタルサイン(Vital signs)」は、「生命徴候」ともいい、体の状態を示すしるしです。一般に、脈拍、呼吸、血圧、体温の4つをいいます。

脈拍は、手首や首の動脈で1分間測ります。正常範囲は毎分約60～70回です。脈拍を打つのが速い、ゆっくり、または不規則である状態を不整脈[1]といいます。特に、100回以上なら頻脈、59回以下なら徐脈といいます。

呼吸は、回数や深さ、音などで確認します。正常では成人で毎分16～20回です。

血圧は、上腕の動脈で測ります。正常値は最高血圧130mmHg、最低血圧85mmHgです。

体温は、脇の下や舌の下などで測ります。正常範囲は36～37℃で、34℃以下を低体温、37℃以上を高体温といいます。

特に高齢者はバイタルサインの個人差が大きく、普段の様子、顔色や表情などの変化に気が付くことが、体調管理では重要です。

[1] 不整脈 ……… 普段と違う脈の状態(速い、ゆっくり、不規則)

脈拍の測り方
血圧の測り方

✔ 内容を確認しましょう。

1. バイタルサインは、他に何といいますか。

   バイタルサイン ＝ [　　　　　　　　　　]

2. バイタルサインには何が含まれますか。

   _____

3. 特に高齢者の体調管理で注意することについて、説明しましょう。

   _____

4. バイタルサインについてまとめましょう。

	正常範囲	特徴など
脈拍		＿＿＿回以下：＿＿＿＿／＿＿＿回以上：＿＿＿
呼吸		何を確認する？ ＿＿＿＿＿＿＿＿＿＿＿＿＿＿＿＿＿
血圧		どこで測る？ ＿＿＿＿＿＿＿＿＿＿＿＿＿＿＿＿＿
体温		どこで測る？＿＿＿＿＿＿＿＿＿＿＿＿＿＿＿ ＿＿℃以下：＿＿＿＿／＿＿℃以上：＿＿＿

✏ ポイント確認 ／ バイタルサイン

バイタルサインの他の言い方は？

バイタルサインはどんな情報？

バイタルサインそれぞれの正常範囲・特徴は？（4つ）
-
-
-
-

💪 やってみよう

語彙マップで整理をして、自分でも説明できるようにしよう！
語彙マップにはポイント確認のキーワードを使うといいですね！

5 入浴介助

→『基本のことば』P153、P173

❖「入浴介助」は具体的にどんなことをするのでしょうか。
❖「入浴介助」をする際、介護者が気を付けることは何でしょうか。

入浴は、身体を清潔にして血液の循環¹をよくするとともに、心身をリラックスさせる効果があります。また、介護者が、要介護者の全身の状態チェックもできるので、褥瘡²や皮膚疾患³の予防にもつながります。

一方、入浴は体力を使うことと、血圧の変化などで身体に与える負担も大きいです。そのため、入浴前の身体の状態に気を配り、安全で心地よい入浴になるように心がけなくてはなりません。以下は、入浴前の注意点です。

a. 排泄を済ませる。
b. 体調を確認する。(異常の有無⁴、バイタルサイン⁵のチェックなど)
c. 食事の前後　①　時間は、入浴を避ける。
d. 脱衣場、浴室は　②　℃に保ち、急激な体温変化を防ぐ。

また、入浴中、入浴後にも十分に留意し、入浴介助は、その人に合わせた方法で意思を尊重しながら⁶行う必要があります。

---

¹血液の循環 ……………… 血が体を回ること
²褥瘡 …………………… 身体の一部分が長い時間圧迫を受け、血がよく回らなくなって、皮膚や周辺に栄養が行かず、組織が死んでしまった状態
³皮膚疾患 ……………… 肌の病気
⁴異常の有無 …………… いつもと違うところがないかどうか
⁵バイタルサイン ……… (一般的に)脈拍、呼吸、血圧、体温のこと
⁶意思を尊重しながら … 気持ちを大切に考えながら

✓ 内容を確認しましょう。

1. 入浴の効果について3つ挙げましょう。

・ _____

・ _____

・ _____

2. 入浴が体に与える負担について2つ挙げましょう。

・_____　　・_____

3. 本文中の ① と ② に入る数字を考えて書きましょう。

①_____　　②_____

💬 考えましょう・話しましょう

本文に、「入浴中、入浴後」とありますが、それぞれどんなことに注意が必要でしょうか。考えてみましょう！（それぞれ2つくらい挙げてみましょう。）
・入浴中
・入浴後

✏️ ポイント確認

入浴介助

入浴の効果は？（3つ）

・　　　　　　　　　・　　　　　　　　　・

入浴介助をするときの注意点は？

・入浴前：

・入浴中：

・入浴後：

💪 やってみよう

語彙マップで整理をして、自分でも説明できるようにしよう！
語彙マップにはポイント確認のキーワードを使うといいですね！

Part 4 業務で必要な知識

6 食事介助

→『基本のことば』P138、P173 1197

❖「食事介助」は、どのような人に対して行うのでしょうか。
❖「食事介助」をする際、介護者が気を付けることは何でしょうか。

食事は、意欲や喜びを得ることができるものです。そして何より、栄養を摂取することが目的です。障害などにより、自分で食事することが困難な人に対しては、「食事介助」を行うことが必要です。

食事介助は、できるだけ自分の力で食事をして、安全においしく食事を楽しんでもらうようにします。これらをするために、注意や工夫をする必要があります。

a. 体調や意識の状態は安定しているか確認する。
b. 食事をする環境を整える。
c. 食事をしやすくて安全な姿勢をとらせる。(誤嚥してしまう[1]と、食べ物が気道をふさいで窒息をおこした[2]り、肺に食物や唾液[3]などとともに細菌[4]が入り込んで、誤嚥性肺炎[5]を引き起こすおそれがある。)
d. 食事形態[6]を工夫する。
e. 食器を工夫する。(自助具[7]の使用)

[1] 誤嚥してしまう……食物や唾液が食道に入らずに、誤って気道に入ってしまう
[2] 窒息をおこす………息ができなくなる ／ [3] 唾液……唾
[4] 細菌………………病気の原因になる、とても小さな生物
[5] 誤嚥性肺炎………誤嚥した食べ物や唾液と一緒に肺に細菌が入って起こる病気
[6] 食事形態…………食事の形と状態
[7] 自助具……………身体の不自由な人が日常の生活動作をしやすいように工夫された道具

✓ 内容を確認しましょう。

1. 食事は、どのような効果や目的がありますか。

_____

2. 食事介助はどのような人に必要ですか。

_____

3. 食事介助をするときの注意点や必要な工夫を5つ挙げましょう。

・_____

・_____

・_____

・_____

・_____

考えましょう・話しましょう

本文に「食事形態を工夫する」とありますが、具体的にどのようなことをしたらいいと思いますか。考えてみましょう！

ポイント確認

食事介助

食事介助が必要な人（対象者）は？

食事介助をするときの注意点などは？ （5つ）

・　　　　　　　・　　　　　　　・

・　　　　　　　・

やってみよう

語彙マップで整理をして、自分でも説明できるようにしよう！
語彙マップにはポイント確認のキーワードを使うといいですね！

Part 4 業務で必要な知識

7 排泄介助

→ 『基本のことば』P132、P173 1199

❖ 「排泄介助」は、具体的にどんなことをするのでしょうか。
❖ 「排泄介助」をする際、介護者が気を付けることは何でしょうか。

「排泄介助」は、①排泄に関連する動作に困難がある人や、排泄機能に障害がある人に対して行う介助で、トイレへの誘導¹、排泄の手伝い、おむつ交換などをします。

排泄は人間としての基本的行為です。介護者は、利用者の状況に合わせて、できるだけ自立して²排泄が行えるようにします。また、介助を受ける際の羞恥心³にも配慮し、利用者のプライバシー⁴を守って安心して排泄ができる環境を整える必要があります。

そして、介護者は利用者の生活リズムや習慣を尊重します。たとえ失禁がみられる利用者に対してでも、②すぐおむつを使用してしまうと廃用症候群の原因になることがあります。

¹トイレへの誘導 ……… 要介護者をトイレに誘って連れて行くこと
²自立して ……………… 自分でして
³羞恥心 ………………… 恥ずかしい気持ち
⁴プライバシー ………… 他の人に知られたくない自分のこと

✓ 内容を確認しましょう。

1. 排泄介助が必要な人はどのような人ですか。2つ挙げましょう。

・_____ ・_____

2. 排泄介助は具体的に何をしますか。

_____

3. 介護者が援助をするときに必要なこと（考え方）は何ですか。4つ挙げましょう。

・_____
・_____

- _____
- _____

💬 考えましょう・話しましょう

本文にある、「①排泄に関連する動作」とは、どんな動作でしょうか。考えてみましょう！
また、「②すぐおむつを使用してしまうと廃用症候群の原因になる」とありますが、要介護者はおむつを使うことでどのような気持ちになるのでしょうか。考えてみましょう。

✏️ ポイント確認

排泄介助

排泄介助の対象者は？（2つ）
-
-

排泄介助の内容は？（3つ）
-
-
-

排泄介助をするときの注意点は？（4つ）
-
-
-
-

💪 やってみよう

語彙マップで整理をして、自分でも説明できるようにしよう！
語彙マップにはポイント確認のキーワードを使うといいですね！
（ここからは、自分で自由に語彙マップを書いてみよう！）

8 移乗介助

→『基本のことば』P126、P173

❖ 介護における「移乗」とは、何ですか。
❖ 「移乗介助」をする際、介護者が気を付けることは何でしょうか。

「移乗」とは、ベッドから車椅子、車椅子から便器などへ乗り移る動作のことをいいます。そして、「移乗介助」とは、自分の力で移乗することが困難な人の介助をすることです。

介護者が移乗介助を行う際は、できるだけ①本人の能力を活用し移動できるようにします。一方で、転倒¹事故につながる危険性があるので、注意深く見守る必要があります。また、要介護者の麻痺²の程度や関節可動域³、人間の自然な動きを理解する必要もあります。それらを理解した上で、介護者の②ボディメカニクスを活用し、安全で負担の少ない移乗介助を心がけて行います。

¹転倒……………転ぶこと
²麻痺……………神経の障害で、体が動かなくなること
³関節可動域……関節が動く範囲

✓ 内容を確認しましょう。

1. 移乗はカタカナ語で何といいますか。　ヒント：乗り移る

   移乗 ＝ [   ]

2. 介護における移乗介助とは、何ですか。

   _____

3. 移乗介助を行う際、介護者が把握しておくものとして、「①本人の能力」の他に、どんなことを把握しておく必要がありますか。3つ挙げましょう。

   ・_____
   ・_____
   ・_____

4. 移乗介助を行う際、心がけておくことは何ですか。2つ挙げましょう。

・ _____

・ _____

😊 考えましょう・話しましょう

本文にある「②ボディメカニクス」とは何でしょうか。調べてみましょう。
⇒ 「9　ボディメカニクス」へ！

💪 やってみよう

本文にある「①本人の能力」を別の言葉でいうと何でしょうか。
考えましょう。　ヒント：その人に残っている…機能

本人の能力　＝　□□機能

✏️ ポイント確認

移乗介助

移乗介助の対象者は？

介護者はどんなことを理解しておく？　（4つ）

・　　　　　　　　　　・

・　　　　　　　　　　・

どんなことを心がける？　（2つ）

・　　　　　　　　　　・

9 ボディメカニクス

→『基本のことば』P126 834

- 「ボディメカニクス」とは、何ですか。
- 「ボディメカニクス」を活用する際、介護者が気を付けることは何でしょうか。

　「ボディメカニクス」とは、人間の姿勢、骨格、筋肉、内臓などの神経系・骨格系・関節系・筋系の力がお互いに影響し合って、効果的な身体の動きを作る関係をいいます。
　また、「介護者のボディメカニクス」とは、その力の関係を活用した介護技術のことで、介護する人が無理のない自然な姿勢で介護をすることです。ボディメカニクスを活用すると、疲労や負担が少なくすんで、腰痛防止にもつながります。
　介護者のボディメカニクスの基本的なルールは下記のとおりです。

①支持基底面を広くして、重心を落とす。
②要介護者にできるだけ接近する。
③身体をねじらないで、足先を動作の方向に向ける。
④てこの原理を応用する。
⑤水平に移動する。
⑥要介護者（対象者）を小さくまとめる。

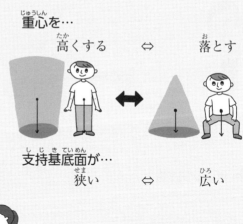

てこの原理

支点

☑ 内容を確認しましょう。
1. 人間の運動機能で、互いに影響し合っているものは何ですか。4つ挙げましょう。

・_____　・_____　・_____　・_____

2. ボディメカニクスとは何ですか。簡単な言葉で説明しましょう。
　また、「介護者のボディメカニクス」とは何ですか。

　説明：＿＿＿＿＿＿＿＿＿＿＿＿＿＿＿＿＿＿＿＿＿＿＿＿＿＿＿＿＿

　「介護者のボディメカニクス」：＿＿＿＿＿＿＿＿＿＿＿＿＿＿＿＿＿＿

3. 介護者にとってボディメカニクスを活用するメリット（いい点）は何ですか。
　2つ挙げましょう。

　・＿＿＿＿＿＿＿＿＿＿＿＿＿＿＿　・＿＿＿＿＿＿＿＿＿＿＿＿＿＿＿

 ポイント確認　　**移乗介助とボディメカニクス**

移乗介助の対象者は？

介護者はどんなことを理解しておく？（4つ）
・　　　　・　　　　・　　　　・

どんなことを心がける？（2つ）
・　　　　・

介護者のボディメカニクスとは？

ボディメカニクスを活用することの効果は？（2つ）
・

やってみよう

さあ、ポイント整理できたかな。
ポイント確認のキーワードを使って、「移乗介助」と「ボディメカニクス」について語彙マップシートを使って、説明してみよう！

10 声かけと傾聴

→『基本のことば』P177 1242・P178 1244

❖ 日常業務の中で、どんなときに「声かけ」をしますか。
❖ 「傾聴」とは、何だと思いますか。

介護の仕事は、「利用者とうまくコミュニケーションがとれる」ということが大切です。

そのために、「声かけ」と「傾聴」が重要になります。

「声かけ」とは、1つ1つの動作の前に、利用者に声をかけることです。介助の前や、何か依頼したいときなどに、利用者が不安にならないように、いつも声をかけます。

「傾聴」とは、相手を理解しようという姿勢で、熱心に話を聞くことです。言葉以外の表情、態度、仕草[1]、声の調子などをよく観察することも重要です。傾聴することで、相手は自分が尊重されていると感じます。

うまく「声かけ」や「傾聴」をすることで、利用者と信頼関係を築くことができます。

[1] 仕草………何かをするときの動作

✔ 内容を確認しましょう。

1. 利用者とコミュニケーションをとるために、何が大切ですか。2つ挙げましょう。

・_____ ・_____

2. 介護において、どんなときに声かけをしますか。2つ挙げましょう。

・_____

・_____

3. 「傾聴」は、利用者の話を聞きながら何を観察しますか。

_____

4. 「声かけ」や「傾聴」をすると、どんな効果がありますか。

_____

 ポイント確認　　　声かけと傾聴

どんなときに声かけをする？（2つ）
-
-

傾聴をするときの観察ポイントは？（4つ）
-
-
-
-

声かけや傾聴の効果は？

 **やってみよう**

さあ、キーワードで整理ができたかな。
ポイント確認のキーワードを使って、「声かけと傾聴」について語彙マップシートに書いて、説明してみよう！

11 記録（業務日誌、ケース記録、ヒヤリハット・事故報告書など)

→『基本のことば』P181 1273

❖ 日常業務の中の「記録」には、どんなものがあると思いますか。
❖ なぜ「記録」をすることが大切なのでしょうか。

介護現場の日常業務において、「記録」を書くことは大切な業務の1つです。記録物には、個人だけではなく、利用者を含めた関係者で共有するべき情報が書かれているからです。

介護記録には、「業務日誌」、「ケース記録」、「ケアカンファレンス[1]記録」などの日々の記録を残すものがあります。内容は、利用者についての主観的事実[2]、客観的事実[3]、アセスメント[4]の結果、計画の実施または変更するための根拠[5]などで、サービス提供の根拠や、目的達成の進捗状況[6]を測るためにも活用されています。また、「ヒヤリハット[7]報告書」、「事故報告書」などの、事故につながりそうだった出来事を報告するものや、実際に起きた事故の状況や原因、対応を報告するものがあります。

[1] ケアカンファレンス ……… サービス担当者の会議
[2] 主観的事実 ……… 介護者が考えたり感じたこと
[3] 客観的事実 ……… 実際の数値などの事実で、介護者の意見に左右されないこと
[4] アセスメント ……… 支援活動の前に行われる手続き（利用者の身体状況、生活状況、希望や願いなどの情報を収集する）
[5] 根拠 ……… 理由
[6] 進捗状況 ……… 進んでいる程度
[7] ヒヤリハット ……… 事故になりそうな事例に直面したときの気持ち

✅ 内容を確認しましょう。

1. 日常業務の記録・報告書にはどんなものがありますか。（本文以外の答えも考えてみましょう。）

___

2. なぜ記録をすることが大切なのでしょうか。

___

11 記録（業務日誌、ケース記録、ヒヤリハット・事故報告書など）

3. 本文中の「関係者」とはどんな人たちを指しますか。考えてみましょう。

_____

4. 介護記録には、どんなことを書きますか。

_____

5. 介護記録とは、情報共有の他にどんなことに役立ちますか。

_____

6. ヒヤリハット報告書・事故報告書にはどんなことを書きますか。

_____

 ポイント確認

記録

記録の目的は？

介護記録の種類は？

介護記録の内容は？（4つ）
-
-
-
-

報告書の種類は？

 やってみよう

さあ、キーワードで整理ができたかな。
ポイント確認のキーワードを使って、「記録」について語彙マップシートに書いて、説明してみよう！

12 介護過程

→『基本のことば』P195 1384

❖「介護過程」とはどのような意味でしょうか。
❖「介護過程」の「過程」にはどのようなものがあると思いますか。

> 「介護過程」とは、利用者の生活上の問題を解決するため、アセスメントをし、計画を立て、実施し、評価する一連のプロセスのことをいいます。
> このプロセス内の「アセスメント」とは、事前評価や課題分析ともいわれ、支援活動の前に行われる手続きで、利用者の心身の状況、生活の状況、希望や願いなどの情報を集めて、問題を検討することです。
> アセスメントをもとに、利用者の目標を設定し、援助計画を立て、支援を実施していきますが、その過程において目標が達成されなかった場合や、利用者や家族の満足が得られなかった場合には、修正案などを加えて、この過程が再実施されます。

☑ 内容を確認しましょう。

1. 介護過程の「過程」はいくつあり、どのような「過程」がありますか。順序立てて答えましょう。

　　_____　つ

　　_____　⇒　_____　⇒　_____　⇒　_____

2. 介護過程の「アセスメント」は他に何といい、具体的に何を指していますか。

　　アセスメント ＝ _____

　_____

3. 目標達成のための課題には具体的にどんなものがあると思いますか。考えてみましょう。

　_____

4. 本文の「その過程において目標が達成されなかった場合や、利用者や家族の満足が得られなかった場合には、修正案などを加えて」というのは、介護過程のどの部分で実施されますか。

_____

ポイント確認

介護過程

介護過程は、いくつの過程？
（　　　）つ

どんな過程がある？
_____ ⇒ _____ ⇒ _____ ⇒ _____

アセスメントは他に何という？

やってみよう

さあ、キーワードで整理ができたかな。
ポイント確認のキーワードを使って、「介護過程」について語彙マップシートに書いて、説明してみよう！

語彙マップシート

4 バイタルサイン

語彙マップで整理をして、自分でも説明できるようにしよう！
まずは、下の語彙マップにキーワードを入れてみよう！

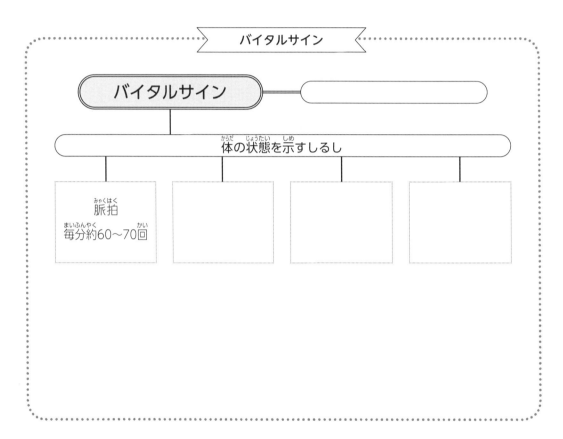

📍語彙マップの要約をしよう。

バイタルサインは、（　　　　　　　　　　）ともいいます。
意味は、体の状態を示すしるしで、（　　）つあります。
脈拍と、（　　　　　）と、（　　　　　）と、（　　　　　）です。
脈拍は毎分60〜70回で、

語彙マップシート

5　入浴介助

語彙マップで整理をして、自分でも説明できるようにしよう！
まずは、下の語彙マップにキーワードを入れてみよう！

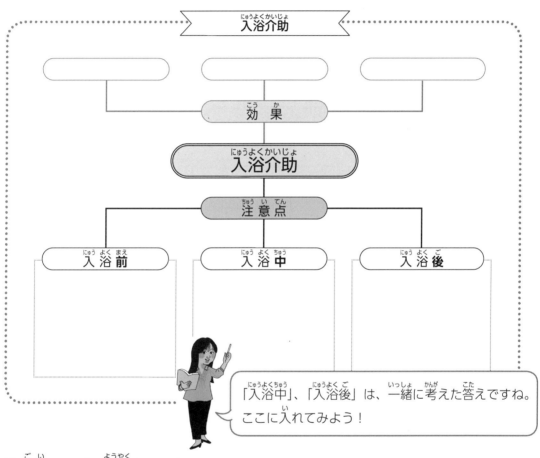

「入浴中」、「入浴後」は、一緒に考えた答えですね。
ここに入れてみよう！

📍 語彙マップの要約をしよう。

入浴の効果は、
────────────────────────────────
入浴介助の注意点は、入浴前、入浴中、入浴後と、それぞれあります。
────────────────────────────────
入浴前は、
────────────────────────────────
入浴中は、
────────────────────────────────
入浴後は、
────────────────────────────────

6 食事介助（しょくじかいじょ）

語彙（ごい）マップで整理（せいり）をして、自分（じぶん）でも説明（せつめい）できるようにしよう！
まずは、下（した）の語彙（ごい）マップに続（つづ）きを書（か）いてみよう！

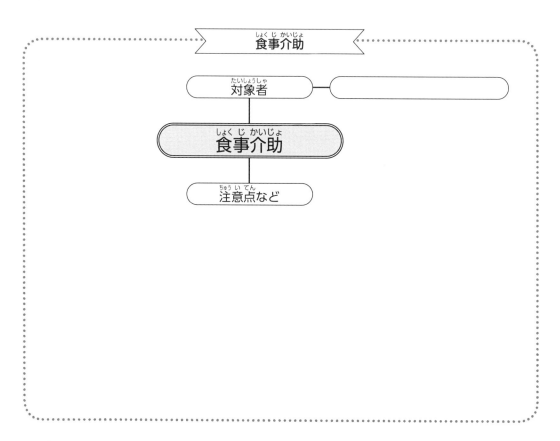

● 語彙（ごい）マップの要約（ようやく）をしよう。

食事介助（しょくじかいじょ）は、障害者（しょうがいしゃ）や高齢者（こうれいしゃ）など自力（じりき）で食事（しょくじ）することが困難（こんなん）な人（ひと）に対（たい）して行（おこな）います。

（食事介助（しょくじかいじょ）にあたって）大切（たいせつ）に考（かんが）えることは、

語彙マップシート

語彙マップで整理をして、自分でも説明できるようにしよう！
語彙マップを自分で自由に書いてみよう！

📍 語彙マップの要約をしよう。

索引

あ
	ページ
アセスメント	86, 88
アルツハイマー型認知症	50

い
意見書	14
移乗	80
移乗介助	80
溢流性尿失禁	43
移動用リフト	69
インフルエンザ	60

う
ウイルス	60, 62
うつ状態	56

え
栄養士	28
栄養士法	28
嚥下機能	40
嚥下訓練	34

お
応用的動作能力	32

か
介護過程	88
介護給付	16
介護サービス	14
介護サービスの給付計画	22
介護支援専門員	22
介護支援専門員資格登録簿	22
介護支援専門員実務研修	22
介護認定審査会	14
介護の社会化	12
介護福祉士	6, 20
介護福祉士登録証	7
介護福祉士登録簿	6, 20
介護保険	12, 68
介護保険法	12
介護力の強化	11
踵	58
喀痰吸引	6
加齢黄斑変性症	44
加齢性難聴	44
がん	38
感情失禁	42
関節可動域	80
関節の拘縮	56
関節リウマチ	52
感染経路	62
感染症	58, 60
感染性胃腸炎	60, 62
管理栄養士	28

き
機能性尿失禁	43
基本的人権の享有	2
基本的動作能力	30, 32
狭心症	46
業務日誌	86
協力	10
虚血性心疾患	46
起立性低血圧	56
記録	86
筋力低下	56

く
空気感染	60
クモ膜下出血	48
車椅子	69

け
ケアカンファレンス記録	86
ケアプラン	22
ケアマネ	22
ケアマネージャー	22
経口感染	62
傾聴	84
ケース記録	86
血圧	72
血管性認知症	50
肩甲骨部	58
言語障害	34
言語聴覚士	34
言語聴覚士法	34

こ
口腔ケア	40, 44
後継者の育成	11
高血圧	38, 49

口内炎	44
幸福追求権	3
声かけ	84
誤嚥	40, 76
誤嚥性肺炎	40, 60, 76
呼吸	72
腰掛便座	69
国家資格	20, 24, 26, 28, 30, 32, 34
骨折	52, 54
骨粗鬆症	52, 54, 56

さ

細菌	40, 60, 76
在宅サービス	16
作業療法士	32
三大生活習慣病	38
三福祉士	27

し

自己決定	9
事故報告書	86
脂質異常症	38, 49
歯周病	44
自助具	69, 76
施設サービス	16
失禁	42, 78
実務者研修	21
社会的適応能力	32
社会福祉士	24
社会福祉士及び介護福祉士法	6, 20, 24
社会福祉士登録簿	24
集団感染	60, 62
手段的日常生活動作	70
少子高齢化	12
情動失禁	42
上腕骨頸部	53
食事介助	76
食事形態	40, 76
褥瘡	56, 58, 74
徐脈	72
心筋梗塞	46
心臓病	38

す

水疱	58
睡眠障害	56

せ

生活習慣病	38
生活不活発病	56
精神科ソーシャルワーカー	26
成人病	38
精神保健福祉士	26
精神保健福祉士法	26
生存権	4
生命徴候	72
脊椎	53
摂食・嚥下障害	34
接触感染	60, 62
舌苔	44
切迫性尿失禁	43

仙骨部	58
前頭側頭型認知症	50
専門的サービスの提供	9, 11

そ

総合的サービスの提供と積極的な連携、協力	11
ソーシャルワーカー	24
咀嚼機能	40

た

体位変換	58
体位変換器	69
体温	72
大腿骨頸部	53
代弁	10
多職種連携	66
ただれ	58

ち

地域福祉の推進	11
地域密着型サービス	16
チームアプローチ	66
チームケア	66
窒息	76
聴覚障害	34

て

| 手すり | 69 |

索引

と
頭蓋内出血	48
橈骨遠位端	53
糖尿病	38
特殊寝台	69
特定福祉用具販売	68
床ずれ	58
床ずれ防止用具	69

に
日常生活動作	70
日本介護福祉士会倫理綱領	8
入浴介助	74
入浴補助用具	69
尿失禁	42
認知機能	50
認知症	50

ね
寝たきり	56, 58

の
脳血管障害	48
脳血栓	48
脳梗塞	48
脳出血	48
脳塞栓	48
脳卒中	38, 48
ノロウイルス	60, 62

は
肺炎	60
排泄介助	78
排泄機能	78
バイタルサイン	72, 74
廃用症候群	56, 78
白内障	44

ひ
ピック病	50
飛沫感染	60, 62
肥満	38
ヒヤリハット報告書	86
頻脈	72

ふ
腹圧性尿失禁	43
福祉用具	68
福祉用具貸与	68
不整脈	72
プライバシーを保護	10, 11

へ
変形性脊椎症	52
変形性膝関節症	52
便失禁	42
便秘	56

ほ
訪問調査	14
ポータブルトイレ	69
歩行器	69
歩行補助杖	69
発赤	58
ボディメカニクス	80, 82

ま
麻痺	58, 80

み
脈拍	72

む
虫歯	44

も
物忘れ	50

よ
要介護	14, 16
要介護認定	14, 16
要支援	14, 16
予防給付	16

り
理学療法士	30
理学療法士及び作業療法士法	30, 32
リハビリテーション	30, 32
利用者ニーズの代弁	11
利用者本位	9
利用者本位、自立支援	11
緑内障	44
倫理綱領	8

れ

レビー小体型認知症 50

連携 10

ろ

老眼 44

A

ADL 70

I

IADL 70

O

OT 32

P

PSW 26

PT 30

S

ST 34

著者
三橋麻子
　　学校法人大原学園　大原簿記公務員医療情報ビジネス専門学校津田沼校　非常勤講師、資格の大原「介護の日本語」教師養成講座　講師

丸山真貴子
　　目白大学外国語学部日本語・日本語教育学科　専任講師、明海大学別科日本語研修課程　非常勤講師、資格の大原「介護の日本語」教師養成講座　講師

校閲
　剣持敬太、加藤安理佐（社会福祉法人さつき会　特別養護老人ホーム　袖ヶ浦菜の花苑）

イラスト
　椛島麻以

装丁・本文デザイン
　株式会社オセロ

はじめて学ぶ介護の日本語　基本の知識

2019年 7 月26日　初版第 1 刷発行
2024年 9 月18日　第 3 刷 発 行

著　者　　三橋麻子　丸山真貴子
発行者　　藤嵜政子
発　行　　株式会社スリーエーネットワーク
　　　　　〒102-0083　東京都千代田区麹町 3 丁目 4 番
　　　　　　　　　　　トラスティ麹町ビル 2 F
　　　　　電話　営業　03（5275）2722
　　　　　　　　編集　03（5275）2725
　　　　　https://www.3anet.co.jp/
印　刷　　三美印刷株式会社

ISBN978-4-88319-793-4　C0081
落丁・乱丁本はお取替えいたします。
本書の全部または一部を無断で複写複製（コピー）することは著作権法上での例外を除き、禁じられています。

■ 新完全マスターシリーズ

● 新完全マスター漢字
日本語能力試験N1
　1,320円(税込)〔ISBN978-4-88319-546-6〕
日本語能力試験N2（CD付）
　1,540円(税込)〔ISBN978-4-88319-547-3〕
日本語能力試験N3
　1,320円(税込)〔ISBN978-4-88319-688-3〕
日本語能力試験N3 ベトナム語版
　1,320円(税込)〔ISBN978-4-88319-711-8〕
日本語能力試験N4
　1,320円(税込)〔ISBN978-4-88319-780-4〕

● 新完全マスター語彙
日本語能力試験N1
　1,320円(税込)〔ISBN978-4-88319-573-2〕
日本語能力試験N2
　1,320円(税込)〔ISBN978-4-88319-574-9〕
日本語能力試験N3
　1,320円(税込)〔ISBN978-4-88319-743-9〕
日本語能力試験N3 ベトナム語版
　1,320円(税込)〔ISBN978-4-88319-765-1〕
日本語能力試験N4
　1,320円(税込)〔ISBN978-4-88319-848-1〕

● 新完全マスター読解
日本語能力試験N1
　1,540円(税込)〔ISBN978-4-88319-571-8〕
日本語能力試験N2
　1,540円(税込)〔ISBN978-4-88319-572-5〕
日本語能力試験N3
　1,540円(税込)〔ISBN978-4-88319-671-5〕
日本語能力試験N3 ベトナム語版
　1,540円(税込)〔ISBN978-4-88319-722-4〕
日本語能力試験N4
　1,320円(税込)〔ISBN978-4-88319-764-4〕

● 新完全マスター単語
日本語能力試験N1 重要2200語
　1,760円(税込)〔ISBN978-4-88319-805-4〕
日本語能力試験N2 重要2200語
　1,760円(税込)〔ISBN978-4-88319-762-0〕

改訂版　日本語能力試験N3 重要1800語
　1,760円(税込)〔ISBN978-4-88319-887-0〕
日本語能力試験N4 重要1000語
　1,760円(税込)〔ISBN978-4-88319-905-1〕

● 新完全マスター文法
日本語能力試験N1
　1,320円(税込)〔ISBN978-4-88319-564-0〕
日本語能力試験N2
　1,320円(税込)〔ISBN978-4-88319-565-7〕
日本語能力試験N3
　1,320円(税込)〔ISBN978-4-88319-610-4〕
日本語能力試験N3 ベトナム語版
　1,320円(税込)〔ISBN978-4-88319-717-0〕
日本語能力試験N4
　1,320円(税込)〔ISBN978-4-88319-694-4〕
日本語能力試験N4 ベトナム語版
　1,320円(税込)〔ISBN978-4-88319-725-5〕

● 新完全マスター聴解
日本語能力試験N1（CD付）
　1,760円(税込)〔ISBN978-4-88319-566-4〕
日本語能力試験N2（CD付）
　1,760円(税込)〔ISBN978-4-88319-567-1〕
日本語能力試験N3（CD付）
　1,650円(税込)〔ISBN978-4-88319-609-8〕
日本語能力試験N3 ベトナム語版（CD付）
　1,650円(税込)〔ISBN978-4-88319-710-1〕
日本語能力試験N4（CD付）
　1,650円(税込)〔ISBN978-4-88319-763-7〕

■ 読解攻略！
日本語能力試験 N1 レベル
　1,540円(税込)〔ISBN978-4-88319-706-4〕

■ 日本語能力試験模擬テスト

CD付　各冊990円(税込)
改訂版はWEBから音声

● 日本語能力試験N1 模擬テスト
〈1〉〔ISBN978-4-88319-556-5〕
〈2〉〔ISBN978-4-88319-575-6〕
〈3〉〔ISBN978-4-88319-631-9〕
〈4〉〔ISBN978-4-88319-652-4〕

● 日本語能力試験N2 模擬テスト
〈1〉〔ISBN978-4-88319-557-2〕
〈2〉改訂版
　〔ISBN978-4-88319-950-1〕
〈3〉〔ISBN978-4-88319-632-6〕
〈4〉〔ISBN978-4-88319-653-1〕

● 日本語能力試験N3 模擬テスト
〈1〉〔ISBN978-4-88319-841-2〕
〈2〉〔ISBN978-4-88319-843-6〕

● 日本語能力試験N4 模擬テスト
〈1〉〔ISBN978-4-88319-885-6〕
〈2〉〔ISBN978-4-88319-886-3〕

スリーエーネットワーク

ウェブサイトで新刊や日本語セミナーをご案内しております。
https://www.3anet.co.jp/

はじめて学ぶ介護の日本語
基本の知識

別冊（べっさつ）
解答（かいとう）

Part 1	法律（ほうりつ）・制度（せいど）	1
Part 2	専門職種（せんもんしょくしゅ）	5
Part 3	高齢者（こうれいしゃ）にみられる主（おも）な病気（びょうき）・症状（しょうじょう）	12
Part 4	業務（ぎょうむ）で必要（ひつよう）な知識（ちしき）	22

語彙（ごい）マップの解答例（かいとうれい） 34

スリーエーネットワーク

解　答

Part 1 法律・制度

1 日本国憲法（介護に関する日本の法律）　P2

第11条　基本的人権の享有

基本的人権の享有

永久の権利

第13条　幸福追求権

生命、自由及び幸福追求

第25条　生存権

第1項　健康で文化的な最低限度の生活

第2項　社会福祉、社会保障及び公衆衛生の向上及び増進

✏ ポイント確認　日本国憲法（介護に関する日本の法律）

第11条

キーワードは？　基本的人権の享有、永久の権利

どんな内容？　人間として当たり前に持っている権利は、永久のものだということ

第13条

キーワードは？　生命、自由及び幸福追求

どんな内容？　国民は、命や自由を大切にされ、幸せを求める権利があるということ

第25条

キーワードは？　健康で文化的な最低限度の生活、社会福祉、社会保障及び公衆衛生の向上及び増進

どんな内容？　どんな状況の人でも、最低限の生活はできるように国が支えるということ

2 社会福祉士及び介護福祉士法　P6

☑ 内容を確認しましょう。

1. 身体上又は精神上の障害があることにより日常生活を営むのに支障がある者

（身体や精神に障害があるために、日常生活を送ることが難しい人）

解 答

2. ・心身の状況に応じた介護を行う
　　・その者及びその介護者に対して介護に関する指導を行う

📝 ポイント確認　　**社会福祉士及び介護福祉士法**

どんな人を介護する？
　　身体や精神に障害があり、日常生活を送ることが難しい人

介護福祉士の仕事は？（2つ）
　・心身の状況に応じた介護を行う
　・その者及びその介護者に対して介護に関する指導を行う

3　日本介護福祉士会倫理綱領　P8

☑ 内容を確認しましょう。
1. 介護福祉士が社会で願っていること（介護福祉士が願う社会）
2. 介護福祉士が専門職としての自覚を持って、最善の介護福祉サービスを提供するよう努めること

☑ 倫理綱領について知ろう。
①自己決定を最大限尊重する
　　自立に向けた介護福祉サービスを提供
②専門的サービスの提供
③プライバシーを保護
④最適なサービスを総合的に提供
　　積極的な連携を図り、協力
⑤真のニーズを受けとめ、それを代弁
⑥その（地域の）介護力の強化に協力
⑦後継者の育成

4　介護保険　P12

☑ 内容を確認しましょう。
1. 高齢者の介護をみんなで支えようという考え方
2. （日本には高齢者が多くいて）高齢者の介護を家族だけでするのは大変だから

3. 介護保険法
4. ・高齢者が住み慣れたところで自分らしく生活ができるようにすること
   ・介護をしている家族の負担を軽くすること

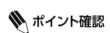

介護保険

「介護の社会化」とは？
　高齢者の介護をみんなで支える考え方

「介護の社会化」のための法律は？
　介護保険法

介護保険制度の目的は？（2つ）
・高齢者が住み慣れたところで自分らしく生活ができる
・介護をしている家族の負担が軽くなる

5 要介護認定　P14

■ 内容を確認しましょう。

1. 介護サービス
2.
1	市町村 に 申請 をする
2	調査員 が 訪問調査 に来る
3	主治医 に 意見書 を書いてもらう
4	コンピュータで 一次判定 がされる
5	介護認定審査会で 二次判定 がされる
6	市町村 が 要介護 認定をする

3. ・要支援：例）日常生活に支援が必要な状態、レベルは1〜2
   ・要介護：例）介護が必要な状態、レベルは1〜5
   ・非該当：例）支援も介護も必要がない状態

解 答

要介護認定

「要介護」「要支援」とは？
　要介護は、介護が必要な状態
　要支援は、日常生活に支援が必要な状態

要介護認定は誰がする？
　市町村

要介護認定は、どのように分かれている？
・（ 8 ）つ
・どのように：要支援1〜2と、要介護1〜5の7段階と、非該当に分かれている

6 介護保険のサービス（介護給付・予防給付）　P16
☑ 内容を確認しましょう。
1. 要支援：予防給付　　要介護：介護給付
2. ・在宅サービス　・施設サービス　・地域密着型サービス
3.「予防給付」は、施設に入所して利用する「施設サービス」が含まれていない
4. 状態の改善と悪化の予防

介護保険のサービス（介護給付・予防給付）

要介護認定で「要支援」、「要介護」の判定を受けた人が受けられるサービスは？
・要支援：予防給付
・要介護：介護給付

どんなサービス？
・予防給付：在宅サービス、地域密着型サービス
・介護給付：在宅サービス、施設サービス、地域密着型サービス

予防給付の目的は？
　状態の改善と悪化の予防

解 答

Part 2 専門職種

1 介護福祉士 P20

 内容を確認しましょう。

1. 日常生活の中で介助が必要な人
2. ・身体介護：食事や入浴、車椅子での移動の手伝いなど
   ・生活支援：家事や身の回りのお世話など
   ・相談・助言：介護が必要な人や、その家族から相談を受けたり、アドバイスをしたりする
3.「介護福祉士登録簿」に登録する必要がある

✏ ポイント確認 【介護福祉士】

介護福祉士が支援する人は？
　日常生活の中で介助が必要な人

仕事の内容は？（3つ）
・身体介護
・生活支援
・相談・助言

2 介護支援専門員（ケアマネージャー） P22

☑ 内容を確認しましょう。

1. ケアマネージャー（ケアマネ）

2. ・(要介護者などから相談を受けて) 介護サービスの給付計画（ケアプラン）を作成する
　・市町村や介護サービス事業者などとの調整をする
　・ケアプランの見直しをする

3. ・一定の専門資格と5年以上の実務経験
　・都道府県が行う「介護支援専門員実務研修受講試験」を受験して合格する
　・「介護支援専門員実務研修」を受講し修了する
　・「介護支援専門員資格登録簿」に登録する

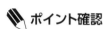 ポイント確認　　　　介護支援専門員（ケアマネージャー）

仕事の内容は？（3つ）
・介護サービスの給付計画（ケアプラン）の作成
・市町村や介護サービス事業者などとの調整
・ケアプランの見直し

介護支援専門員（ケアマネージャー）になるためには？

(受験資格)　　　一定の専門資格と5年以上の実務経験
　　　　　　　　　　　↓
　　　　　「介護支援専門員実務研修受講試験」に合格
　　　　　　　　　　　↓
　　　　　「介護支援専門員実務研修」を修了
　　　　　　　　　　　↓
　　　　　「介護支援専門員資格登録簿」に登録

解 答

3 社会福祉士（ソーシャルワーカー） P24

☑内容を確認しましょう。

1. ソーシャルワーカー
2. ・相談を受ける
   ・助言や指導、援助をする
   ・医療機関や福祉関係施設などにつなぐ
3. ・国家試験に合格する
   ・「社会福祉士登録簿」に登録する

✏ポイント確認　社会福祉士（ソーシャルワーカー）

社会福祉士の別名は？

ソーシャルワーカー

仕事の内容は？（3つ）

・相談を受ける
・助言や指導、援助をする
・医療機関や福祉関係施設などにつなぐ

社会福祉士（ソーシャルワーカー）になるためには？

受験資格を得る
↓
国家試験合格
↓
「社会福祉士登録簿」に登録

4 精神保健福祉士 P26

☑内容を確認しましょう。

1. 精神科ソーシャルワーカー（PSW）
2. 誰に：精神的な障害がある人
   目的：日常生活をスムーズに送れるようにするため
3. 生活支援、相談、助言、生活訓練、環境調整、社会参加への支援をする

ポイント確認　精神保健福祉士

精神保健福祉士の別名は？
精神科ソーシャルワーカー

仕事の内容は？
・誰に？　　精神的な障害がある人
・何のために？　日常生活をスムーズに送れるようにするため

どんなことを？（6つ）
・生活支援　・相談
・助言　　　・生活訓練
・環境調整　・社会参加への支援

5　栄養士と管理栄養士　P28

☑ **内容を確認しましょう。**

1. 栄養士：都道府県知事
　　管理栄養士：厚生労働大臣

2. ・給食や食事の { ・献立作成　・調理　・提供 }
　　・食生活についての　栄養の助言

3. ・病気を患っている人
　　・高齢で食事があまり摂れない人
　　・健康な人

4. ・専門的知識と技術を使って { ・栄養指導　・給食管理　・栄養管理 }
　　・栄養士への　指導

ポイント確認 — 栄養士と管理栄養士

栄養士は誰から免許を受ける？
　都道府県知事

栄養士の仕事は？（4つ）
・給食や食事の献立作成　　・（給食や食事の）調理
・（給食や食事の）提供　　・食生活についての栄養の助言

管理栄養士は誰から免許を受ける？
　厚生労働大臣

管理栄養士の仕事は？（4つ）
・栄養指導　　・給食管理
・栄養管理　　・栄養士への指導

6　理学療法士　P30

☑内容を確認しましょう。
1. 厚生労働大臣
2. 医師
3. 身体の基本的動作能力　⇒　例えば… 歩く、立つ、座るなど
4. 基本的動作能力の回復・維持・悪化防止

ポイント確認 — 理学療法士

誰から免許を受け、誰の指示で仕事をしている？
・誰からの免許？　　厚生労働大臣
・誰の指示？　　　　医師

どんな能力のリハビリテーションをする？　目的は？
・どんな能力？　　身体の基本的動作
・目的は？　　　　基本的動作能力の回復・維持・悪化防止

解 答

7 作業療法士　P32

✓ 内容を確認しましょう。

1. 厚生労働大臣
2. 医師
3. 対象者：基本的動作能力が回復した人
　　目的：応用的動作能力と社会的適応能力の回復

4. ① (B)　② (A)　③ (B)　④ (A)

✏ ポイント確認　　理学療法士と作業療法士

	理学療法士	作業療法士
誰から免許を受ける？	厚生労働大臣	厚生労働大臣
誰の指示で治療内容を決める？	医師	医師
どんな能力を治療する？	身体の基本的動作能力	応用的動作能力 社会的適応能力

8 言語聴覚士　P34

✓ 内容を確認しましょう。

1. 厚生労働大臣
2. ・言語障害者　＝　例）言葉の障害がある人
   ・聴覚障害者　＝　例）聞こえの障害がある人
   ・摂食・嚥下障害者　＝　例）食べることの障害がある人
3. ・（検査をして）障害の原因を調べる
   ・（障害の）程度を判定する
   ・コミュニケーション能力（話す・聞く・読む・書く・理解する）に必要な機能の改善や維持するための訓練、指導、助言をする
   ・嚥下訓練をする
   ・障害がある機能の代わりになる手段を選ぶ

 ポイント確認　　言語聴覚士

誰から免許を受ける？
厚生労働大臣

どのような人に対して仕事をしている？（3つ）
・言語障害者
・聴覚障害者
・摂食・嚥下障害者

言語聴覚士の仕事は？（5つ）
・原因を調べる
・程度の判定
・コミュニケーション能力の訓練、指導、助言
・嚥下訓練の実施
・代替手段の選定

解答

Part 3 高齢者にみられる主な病気・症状

1 生活習慣病　P38
☑ 内容を確認しましょう。

1. ・がん　・脳卒中　・心臓病　⇒　これらを __三大生活習慣病__ という
2. 例）食習慣、運動習慣、休養、喫煙、飲酒等の生活習慣

    つまり、毎日のよくない生活習慣の積み重ねによって引き起こされる生活習慣の乱れによって起こるもの
3. 高血圧、脂質異常症、糖尿病、肥満、心臓病、脳卒中、がんなど
4. 成人病
5. ①十分　②休養　③栄養バランス　④スポーツ／運動　⑤ストレス

ポイント確認 — 生活習慣病

生活習慣病になる原因は？
　　__生活習慣__ の乱れ

具体的にどんな病気？（7つ）
- 高血圧　・脂質異常症　・糖尿病　・肥満
- 心臓病　・脳卒中　・がん

生活習慣病の予防のポイントは？（8つ）
- 睡眠　・休養　・規則正しい食事　・栄養バランスのとれた食事
- スポーツ　・適量飲酒　・喫煙はしない　・ストレスをためない

2 誤嚥性肺炎　P40
☑ 内容を確認しましょう。

1. 例）食物や唾液が食道ではなく、気道に入ってしまうこと
2. 咀嚼機能や嚥下機能が弱くなってくるから
3. 例）誤嚥した食べ物や唾液についていた細菌が肺に入ってしまうから
4. ・口腔ケア
   ・摂食時や食後の姿勢に気を付けること

・メニューや食事形態を工夫すること

 誤嚥性肺炎

高齢者の誤嚥の原因は？
　咀嚼機能と嚥下機能の衰え

誤嚥性肺炎の原因は？
　原因：食物や唾液などとともに細菌が肺に入る ⇒ 誤嚥性肺炎になる

誤嚥性肺炎の予防法は？（3つ）
・口腔ケア　・摂食時や食後の姿勢に気を付けること　・食事の工夫

3 失禁　P42

 内容を確認しましょう。

1. 尿や便などが自分の意志とは関係なく、出てしまうこと
2. ・尿失禁　・便失禁　・感情失禁
3. 原因：加齢により体の機能が障害を負うこと
　　誰：高齢者に多くみられる
4. 認知症の人

ポイント確認　失禁

失禁とは？
　尿や便などが無意識に（自分の意志とは関係なく）出てしまうこと

原因は？
　加齢による機能障害

どんな失禁がある？（3つ）
・尿失禁　・便失禁　・感情失禁

4 目と耳と口の病気・症状　P44

☑ 内容を確認しましょう。

1. ・白内障　・緑内障　・加齢黄斑変性症
2. 加齢性難聴：高い音が聞き取りにくくなったりする
3. 虫歯、舌苔、口内炎、歯周病など
4. 口の中の炎症から、大きな病気につながることもあるから

✏ ポイント確認　目と耳と口の病気・症状

高齢者に多い目の病気は？（3つ）
・白内障　・緑内障　・加齢黄斑変性症

高齢者に多い耳の病気は？
加齢性難聴

高齢者に多い口の中の病気は？（2～3つ）
虫歯、舌苔、口内炎、歯周病など

5 心臓の病気・症状　P46

☑ 内容を確認しましょう。

1. 例）血液が少なくなること
2. 心臓の血管が狭くなったり、詰まったりして、心臓に十分に血液が届かなくて起こる疾患
3. ・狭心症　・心筋梗塞
4.

病名	狭心症	心筋梗塞
原因	心臓の血管が　狭くなる	心臓の血管が　詰まる
症状・特徴	・息が苦しくなる ・胸が押される感覚 ・強い痛み	・非常に強い痛み ・呼吸困難 ・意識障害

5. 胸ではなく上腹部に痛みを感じることがあるので、注意が必要

ポイント確認 — 心臓の病気・症状

心臓の病気で代表的なものは？（2つ）
- 狭心症
- 心筋梗塞

どんな病気？
心臓の血管が狭くなったり、詰まったりして、心臓に十分に血液が届かなくなる病気

気を付けることは？（2つ）
- 痛みを感じないことがある
- 胸ではなく上腹部に痛みを感じることがある

6 脳の病気・症状　P48

☑ 内容を確認しましょう。

1. 脳卒中
2. 例）脳の障害が原因で、体の機能に影響が出る病気。意識を失ったり、うまく言葉が話せなくなったり、手足がしびれるなどの症状がある
3. ・脳梗塞
    原因：脳の血管が詰まること
    病名：脳塞栓、脳血栓
   ・頭蓋内出血
    原因：脳の血管が破れること
    病名：脳出血、クモ膜下出血
4. すぐに診察・治療する

```
                ┌─────────────┐
                │ 脳の病気・症状 │
                └─────────────┘

脳血管障害の別名は？
    脳卒中

脳血管障害の原因と症状は？
    ・原因：脳の障害
    ・症状：意識消失、ろれつが回らない、手足のしびれ

脳血管障害の種類は？（2つ）
    ・脳梗塞        ・頭蓋内出血

脳血管障害への対応は？
    早急に診察・治療する
```

7 認知症　P50

 内容を確認しましょう。

1. 例）脳が障害を受けて、認知機能が低下し、日常生活に支障がある状態がおよそ6か月以上続いている状態のこと
2. 認知症は脳の器質的な変化によって起こる
3. 進行性で、症状はゆっくりと始まり、徐々に悪化する
4. 不安感や自尊心などに配慮し、心情を尊重して対応するのがいい

```
                ┌─────┐
                │ 認知症 │
                └─────┘

認知症の原因は？
    脳の障害による認知機能低下

認知症の特徴は？（2つ）
    ・脳の器質的な変化      ・進行性の病気

認知症の人への対応は？（2つ）
    ・不安感や自尊心への配慮    ・心情の尊重
```

8 骨と関節の病気・症状　P52

☑ 内容を確認しましょう。

1.

	関節リウマチ	変形性膝関節症	変形性脊椎症
特徴	40～50歳代の女性に多い	50歳以上の肥満の女性に多い	中年以降
症状	・関節に腫れや痛み ・(悪化すると)関節が変形 ・動かせる範囲が狭くなる	・膝の内側に痛み ・O脚に変形しやすい	・(腰を中心に)下肢に痛み

2. 例）足を揃えて立ったときに、まっすぐではなくOのように間があいてしまうこと

（すきまができる）

【高齢者に多い骨折部位】

①上腕骨頸部　②脊椎　③橈骨遠位端　④大腿骨頸部

✏ ポイント確認　　**骨と関節の病気・症状**

関節の病気・症状は？（3つ）
・関節リウマチ　・変形性膝関節症　・変形性脊椎症

骨の病気・症状は？（2つ）
・骨折　・骨粗鬆症

---

9 骨粗鬆症　P54

☑ 内容を確認しましょう。

1. (骨の)形成と吸収のバランスが崩れるため
2. ・骨量の減少　・骨密度の低下　・骨質の劣化
3. ・背中や腰が痛む　・体の重みで背中や腰が曲がる　・身長が縮む
4. 日常生活中のくしゃみや転倒などのわずかな衝撃で骨折することがある
5. 高齢者や閉経後の女性

 ポイント確認 　骨粗鬆症

骨粗鬆症の原因は？　骨の変化は？
・原因：形成と吸収のバランスの崩れ
・骨の変化（3つ）：・骨量の減少　・骨密度の低下　・骨質の劣化

どんな症状が出る？（3つ）
・背中や腰の痛み　・背中や腰が曲がる　・身長が縮む

どんな人に多い？（2つ）
・高齢者　・閉経後の女性

廃用症候群（生活不活発病）　P56

☑ **内容を確認しましょう。**

1. 生活不活発病
2. 心身の機能が低下していく病気
3. （寝たきりの状態が長くなって、）心や身体の機能を十分に使わないで過ごすこと
4. ・寝たきりの状態を続けないようにすること
　・生活で使う機能の維持や向上を支援すること

 ポイント確認 　廃用症候群

廃用症候群はどんな人に生じる？
　安静臥床（寝たきり状態）が長期間続く人

廃用症候群が生じる原因は？
　心身の機能を十分に使わないで過ごすこと

予防に必要なことは？（2つ）
・寝たきりの期間の短縮
・生活機能の維持や向上の支援

11 褥瘡（床ずれ） P58

✓ 内容を確認しましょう。

1. 床ずれ
2. 例）身体の一部分が長い時間、圧迫されて、血液の循環障害が起こること
3. 例）初期症状：皮膚の一部に発赤、ただれ、水疱などがみられる
   悪化した症状：骨まで変化が及び感染症を併発する
4. 寝たきりや麻痺などで体位を変えられない人
5. （肩甲骨部、仙骨部、足の踵の部分など）骨が他のところより高くなっている部分
6. 例）

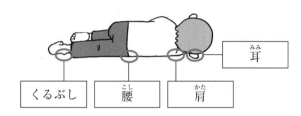

7. ・圧迫を除去すること　・皮膚を保護すること
   ・摩擦（ずれ）を防止すること　・栄養状態の改善をすること

 ポイント確認　　褥瘡

褥瘡が生じる原因は？（2つ）
・長時間の圧迫　・血液の循環障害

どんな症状？（4つ）
・発赤　・ただれ　・水疱　・骨まで変化が及び感染症を併発

どんな人に多い？（2つ）
・寝たきりの人　・麻痺などで体位を変えられない人

どんな部位にできる？
骨の突出部分（肩甲骨部、仙骨部、足の踵、耳、肩など）

予防法は？（4つ）
・圧迫除去　・皮膚の保護　・摩擦（ずれ）の防止　・栄養状態の改善

12 感染症　P60

☑ 内容を確認しましょう。

1. ウイルスや細菌
2. ①病名：インフルエンザ
   症状：急な高熱、筋肉痛、関節痛など
   特徴：空気感染、飛沫感染、接触感染するため、流行する。予防接種が有効
   ②病名：肺炎
   症状：咳、発熱、呼吸困難、痰など
   特徴：高齢者の場合、はっきりとした症状が出ないこともある。肺炎にかかる高齢者の多くは、誤嚥性肺炎
   ③病名：感染性胃腸炎
   症状：発熱、嘔吐、下痢など
   特徴：秋から冬にかけて流行する。排泄物から感染が広がる
3. 免疫力が低下しているから
4. 集団感染

ポイント確認　感染症

感染症が生じる原因は？（2つ）
・ウイルス　・細菌

代表的な感染症とは？（3つ）
・インフルエンザ　・肺炎　・感染性胃腸炎

高齢者がかかりやすい理由は？
免疫力の低下

13 ノロウイルス　P62

✓ 内容を確認しましょう。

1. 感染性胃腸炎
2. 原因食材：二枚貝
   流行する時期：主に冬
   症状：発熱、腹痛、嘔吐、下痢
3. ・経口感染　・接触感染　・飛沫感染
4. ・（原因食材である）二枚貝等は加熱調理する
   ・トイレや帰宅後の手洗い
   ・嘔吐物や排泄物の適切な処理

✏️ ポイント確認　　　　ノロウイルス

原因食材と流行時期は？
・食　　材：二枚貝
・流行時期：主に冬

症状は？（4つ）
・発熱　・腹痛　・嘔吐　・下痢

感染経路は？（3つ）
・経口感染　・接触感染　・飛沫感染

予防法は？（3つ）
・加熱調理　・手洗い　・嘔吐物、排泄物の適切な処理

Part 4 業務で必要な知識

1 チームアプローチ P66

☑ 内容を確認しましょう。

1. 医療、福祉、保健など
2. それぞれの専門性を生かしてするケア
3. 多職種のチームで同じ目標を持って、総合的で継続的な支援をすること
4. ・専門職がお互いの専門性を理解すること ・それぞれの業務範囲を尊重すること
   ・それぞれの立場からの意見を交換すること

やってみよう

分野	職種
医療関係	医師、看護師、歯科医師、薬剤師、栄養士、管理栄養士、理学療法士、作業療法士、言語聴覚士、音楽療法士、義肢装具士など
社会福祉関係	介護福祉士、社会福祉士(ソーシャルワーカー)、訪問介護員(ホームヘルパー)など

ポイント確認 — チームアプローチ

チームケア、チームアプローチには、誰が関わる？
医者、看護師、社会福祉士、介護支援専門員、介護福祉士、精神保健福祉士、理学療法士、作業療法士、栄養士など

チームケアとは？
それぞれの専門性を生かしてするケア

チームアプローチとは？
多職種のチームで同じ目標を持って、総合的で継続的な支援をすること

チームアプローチのポイントは？（3つ）
・専門性の理解 ・業務範囲の尊重 ・(それぞれの立場からの)意見交換

2 福祉用具　P68

☑ 内容を確認しましょう。

1. 要介護者・要支援者が自宅での生活がしやすいように使用する、用具や補装具
2. いいえ。介護保険を利用することができます
3. ・借りるもの　　　　　　　　＝　制度：福祉用具貸与
　・買わなければならないもの　＝　制度：特定福祉用具販売
4. 名称：特定福祉用具：入浴や排泄の際に、直接肌に触れるもの

やってみよう

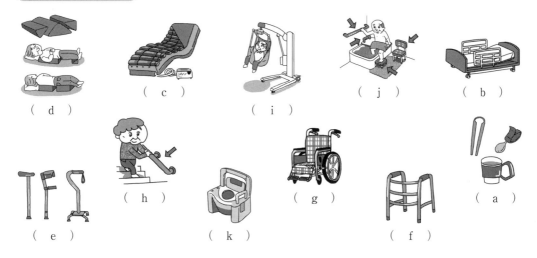

(d)　(c)　(i)　(j)　(b)

(e)　(h)　(k)　(g)　(f)　(a)

ポイント確認　　福祉用具

福祉用具はどのようなもの？
　　自宅での生活がしやすいように使用する用具や補装具

福祉用具を使うときの制度は？（2つ）
　　・福祉用具貸与　　・特定福祉用具販売

3 ADL と IADL　P70

✔ 内容を確認しましょう。

1. ADL ＝ 日常生活動作

   IADL ＝ 手段的日常生活動作
2. 例）食事、入浴、排泄、整容、移動、更衣など
3. 例）家事（買い物、料理、洗濯、掃除など）、お金の管理、薬の管理、整理整頓など
4. 生活の自立度を測ることに活用している

💪 やってみよう

ADL	IADL
排泄　食事　整容 移動　更衣　入浴	外出　買い物　料理 携帯電話の利用　洗濯 お金の管理　交通機関の利用 薬の管理　掃除　整理整頓

✏ ポイント確認　　ADL と IADL

ADL とは？
　日常生活動作
　⇒ 具体的な例は？　食事、入浴、排泄、整容、移動、更衣など

IADL とは？
　手段的日常生活動作
　⇒ 具体的な例は？　家事、お金の管理、薬の管理、整理整頓など

ADL と IADL は何の指標となる？
　日常生活の自立度

4 バイタルサイン P72

✓ 内容を確認しましょう。

1. 生命徴候
2. 脈拍、呼吸、血圧、体温
3. 例）バイタルサインは個人差が大きいので、普段の様子、顔色や表情などの変化に気が付くようにすること
4.

	正常範囲	特徴など
脈拍	毎分60〜70回	__59__ 回以下：__徐脈__ ／ __100__ 回以上：__頻脈__
呼吸	毎分16〜20回	何を確認する？ __回数や深さ、音など__
血圧	最高血圧 130mmHg 最低血圧 85mmHg	どこで測る？ __上腕の動脈__
体温	36〜37℃	どこで測る？ __脇の下や舌の下など__ __34__ ℃以下：__低体温__ ／ __37__ ℃以上：__高体温__

✏ ポイント確認 ｜ バイタルサイン

バイタルサインの他の言い方は？
生命徴候

バイタルサインはどんな情報？
脈拍、呼吸、血圧、体温

バイタルサインそれぞれの正常範囲・特徴は？（4つ）
・脈拍：毎分60〜70回、59回以下：徐脈、100回以上：頻脈
・呼吸：毎分16〜20回
・血圧：最高血圧130mmHg、最低血圧85mmHg
・体温：36〜37℃、34℃以下：低体温、37℃以上：高体温

5 入浴介助　P74

☑ 内容を確認しましょう。

1. ・身体を清潔にする
   ・血液の循環をよくする
   ・心身をリラックスさせる

2. ・体力を使う
   ・血圧の変化

3. ① 1　　② 22〜25

✏ ポイント確認　　入浴介助

入浴の効果は？（3つ）
・身体の清潔　・血液循環　・心身のリラックス

入浴介助をするときの注意点は？
・入浴前：排泄、バイタルサインのチェック、食事前後1時間は入浴を避ける、
　　　　　室温（脱衣場、浴室）
・入浴中：
・入浴後：

「考えましょう・話しましょう」で話し合ったことを書いてください。

6 食事介助　P76

☑ 内容を確認しましょう。

1. 意欲や喜びを得たり、栄養を摂取したりする
2. （障害などにより）自分で食事することが困難な人
3. ・体調や意識の状態は安定しているか確認する
   ・食事をする環境を整える
   ・食事をしやすくて安全な姿勢をとらせる
   ・食事形態を工夫する
   ・食器を工夫する（自助具の使用）

 ポイント確認　　食事介助

食事介助が必要な人（対象者）は？
　自分で食事することが困難な人

食事介助をするときの注意点などは？（5つ）
　・体調・意識　　・環境　　・姿勢
　・食事形態　　　・自助具

7 排泄介助　P78

☑ 内容を確認しましょう。

1. ・排泄に関連する動作に困難がある人
   ・排泄機能に障害がある人
2. トイレへの誘導、排泄の手伝い、おむつ交換など
3. ・(利用者の状況に合わせて、)できるだけ自立して排泄が行えるようにする
   ・介助を受ける際の羞恥心にも配慮する
   ・安心して排泄ができる環境を整える
   ・利用者の生活リズムや習慣を尊重する

ポイント確認　　　排泄介助

排泄介助の対象者は？（2つ）
　・排泄動作困難の人　　・排泄機能障害者

排泄介助の内容は？（3つ）
　・トイレ誘導　・排泄の手伝い　・おむつ交換

排泄介助をするときの注意点は？（4つ）
　・自立　・羞恥心への配慮　・環境　・生活リズムや習慣の尊重

8 移乗介助　P80

✓ 内容を確認しましょう。

1. トランスファー
2. （ベッドから車椅子などへ）自分の力で移乗することが困難な人の介助をすること
3. ・（要介護者の）麻痺の程度
   ・（要介護者の）関節可動域
   ・人間の自然な動き
4. ・ボディメカニクスを活用する
   ・安全で負担の少ない移乗介助をする

💪 やってみよう

本人の能力 ＝ 残 存 機能

✏️ ポイント確認　移乗介助

移乗介助の対象者は？
自力で移乗することが困難な要介護者

介護者はどんなことを理解しておく？（4つ）
・残存機能　　　　・麻痺の程度
・関節可動域　　　・人間の自然な動き

どんなことを心がける？（2つ）
・ボディメカニクスの活用　・安全で負担の少ない介助

9 ボディメカニクス　P82

☑ 内容を確認しましょう。

1. ・神経系　・骨格系　・関節系　・筋系
2. 説明：例）体の様々な部分がお互いに影響し合って、体のいい動きができること
   「介護者のボディメカニクス」：介護する人が無理のない自然な姿勢で介護をすること
3. ・疲労や負担が少なくすむ
   ・腰痛防止（になる）

　移乗介助とボディメカニクス

移乗介助の対象者は？
　自力で移乗することが困難な要介護者

介護者はどんなことを理解しておく？（4つ）
・残存機能　　　　　　・麻痺の程度
・関節可動域　　　　　・人間の自然な動き

どんなことを心がける？（2つ）
・ボディメカニクスの活用　・安全で負担の少ない介助

介護者のボディメカニクスとは？
　無理のない自然な姿勢での介護

ボディメカニクスを活用することの効果は？（2つ）
・疲労や負担の少なさ　・腰痛防止

10 声かけと傾聴　P84

☑ **内容を確認しましょう。**

1. ・声かけ
   ・傾聴
2. ・介助の前
   ・（利用者に）何か依頼するとき
3. 言葉以外の表情、態度、仕草、声の調子など
4. 利用者と信頼関係を築くことができる

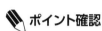 ポイント確認　　　**声かけと傾聴**

どんなときに声かけをする？（2つ）
・介助の前　・依頼のとき

傾聴をするときの観察ポイントは？（4つ）
・表情　・態度　・仕草　・声の調子

声かけや傾聴の効果は？
利用者との信頼関係を築くことができる

解 答

11 記録（業務日誌、ケース記録、ヒヤリハット・事故報告書など） P86

☑ 内容を確認しましょう。

1. 例）業務日誌、ケース記録、ケアカンファレンスの記録、ヒヤリハット報告書、事故報告書、バイタルチェックの記録、申し送りの記録、食事の記録など
2. 個人だけではなく、利用者を含めた関係者で情報を共有する必要があるから
3. 例）家族、ケアマネージャー、医師、看護師、栄養士、管理栄養士、理学療法士、作業療法士など
4. 利用者についての主観的事実、客観的事実、アセスメントの結果、計画の実施または変更するための根拠など
5. サービス提供の根拠や、目的達成の進捗状況を測ること
6. 事故につながりそうだった出来事や、実際に起きた事故の状況や原因、対応

 ポイント確認　　　記録

記録の目的は？
情報共有

介護記録の種類は？
ケース記録、ケアカンファレンスの記録、業務日誌、バイタルチェック記録など

介護記録の内容は？（4つ）
・利用者の主観的事実　・客観的事実　・アセスメント結果　・計画の実施や変更の根拠

報告書の種類は？
ヒヤリハット報告書、事故報告書など

12 介護過程　P88

✓ 内容を確認しましょう。

1. 4つ

　　アセスメント ⇒ 計画の立案 ⇒ 実施 ⇒ 評価

2. アセスメント ＝ 事前評価、課題分析

　利用者の心身の状況、生活の状況、希望や願いなどの情報を集め、問題を検討すること

3. 例）歩けるようになる／腕が曲がるようになる／車椅子が操作できるようになる／
　　　一人で移動ができるようになる／話ができるようになる　など

4. 評価

✎ ポイント確認　　介護過程

介護過程は、いくつの過程？

（ 4 ）つ

どんな過程がある？

　アセスメント　⇒　計画の立案　⇒　実施　⇒　評価

アセスメントは他に何という？

　事前評価、課題分析

語彙マップの解答例

4 バイタルサイン

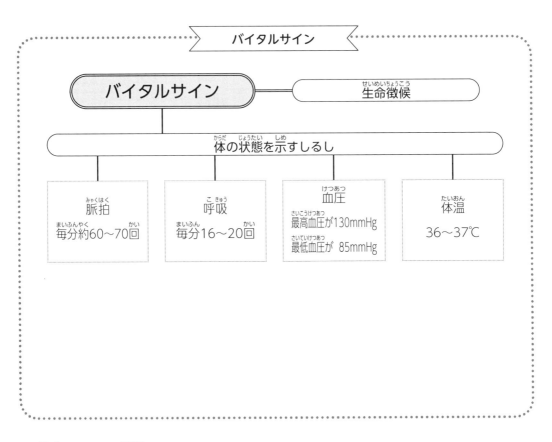

🔘 語彙マップの要約をしよう。

バイタルサインは、(生命徴候) ともいいます。

意味は、体の状態を示すしるしで、(4) つあります。

脈拍と、(呼吸) と、(血圧) と、(体温) です。

脈拍は毎分 60〜70 回で、呼吸は毎分 16〜20 回、血圧は最高血圧が 130mmHg、最低血圧が 85mmHg、また、体温は 36〜37℃が正常範囲です。

5 入浴介助(にゅうよくかいじょ)

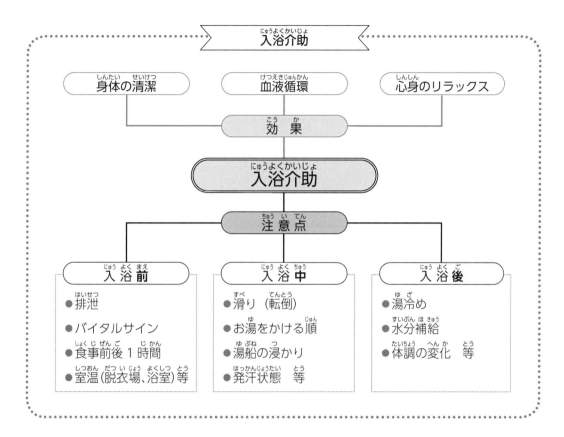

📍 語彙マップの要約をしよう。

　入浴の効果は、3つあります。身体を清潔にすること、血液の循環をよくすること、心身がリラックスできることです。

　入浴介助の注意点は、入浴前、入浴中、入浴後と、それぞれあります。

　入浴前は、排泄を済ませたか、バイタルサインの確認をしたか、食事前後1時間を避けたか、などで、

　入浴中は、転倒やお湯をかける順、湯船の浸かり、発汗状態などがあります。

　入浴後は、湯冷めをしないようにすること、水分補給、体調に変化がないかなどに、注意をします。

6 食事介助

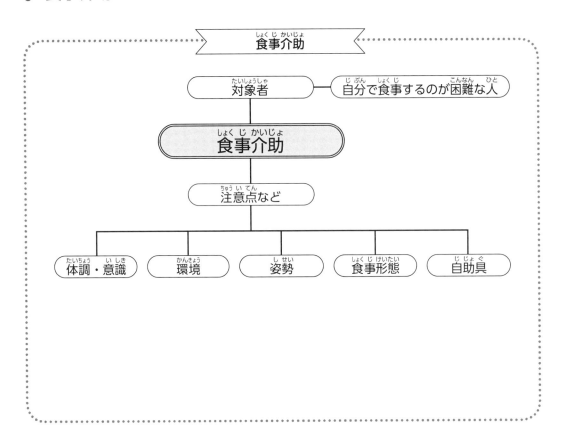

🔘 語彙マップの要約をしよう。

食事介助は、障害者や高齢者など自力で食事することが困難な人に対して行います。
(食事介助にあたって）大切に考えることは、体調や意識が安定しているか、環境は整っているか、安全な姿勢かなどがあります。また、食事形態や自助具にも工夫をします。

7 排泄介助

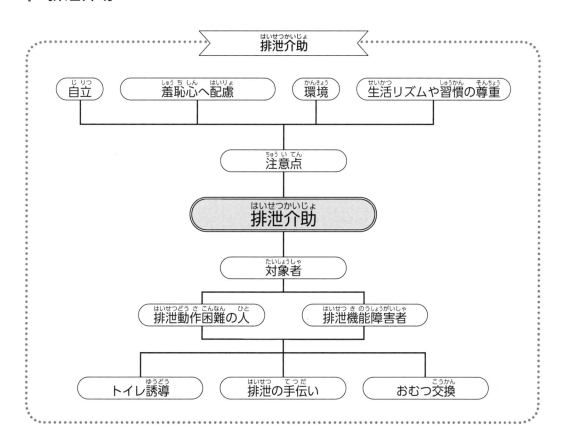

● 語彙マップの要約をしよう。

　排泄介助は、排泄動作に困難がある人、排泄機能に障害がある人に対して行います。例えば、トイレ誘導、排泄の手伝い、おむつ交換などです。

　（排泄介助の）注意点は、4つあります。まず、できるだけ自立して排泄ができるようにすること、羞恥心に対して配慮をすること、気持ちよく排泄ができる環境を作ること、そして利用者の生活リズムや習慣を尊重することです。

語彙マップの解答例

8、9 移乗介助とボディメカニクス

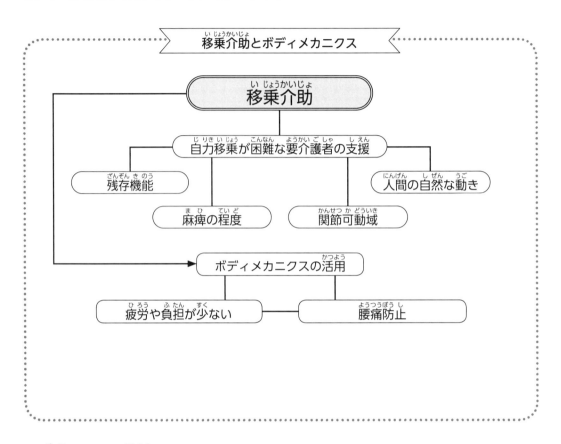

● 語彙マップの要約をしよう。

移乗介助は、自力で移乗することが困難な人に対して行います。
移乗介助を行うときは、残存機能を活用しながら、利用者の麻痺の程度や関節可動域、人間の自然な動きを理解することが必要です。
そして、移乗介助のときにボディメカニクスを活用すると、疲労や負担が少なく済んで、腰痛防止にもなります。

10 声かけと傾聴

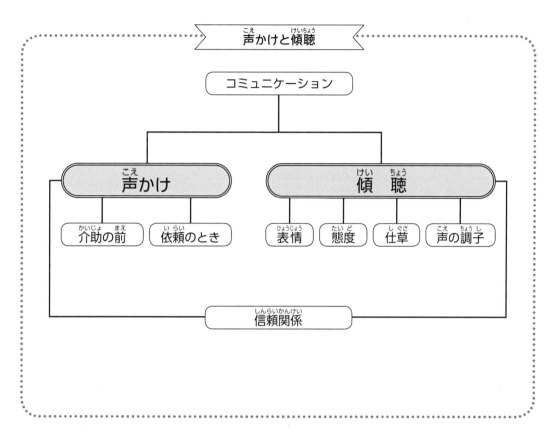

● 語彙マップの要約をしよう。

　介護の仕事は、利用者とうまくコミュニケーションをとるために、声かけと傾聴が重要です。
　声かけは、介助の前や依頼のときにして安心してもらい、傾聴する際には、表情や態度、仕草、声の調子などを観察します。そうすることで、利用者との信頼関係が築けます。

11 記録（業務日誌、ケース記録、ヒヤリハット・事故報告書など）

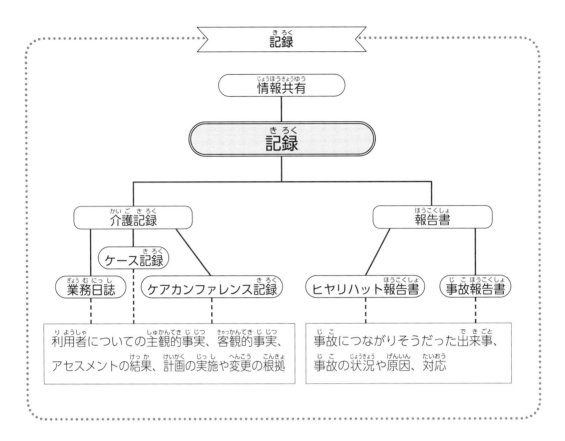

● 語彙マップの要約をしよう。

記録は、様々な人たちとの情報共有のために大切な業務です。

この記録には「介護記録」と「報告書」があります。

「介護記録」には、業務日誌、ケース記録、ケアカンファレンス記録などがあり、利用者についての主観的事実、客観的事実、アセスメントの結果、計画の実施や変更の根拠などを記録します。

「報告書」には、ヒヤリハット報告書、事故報告書などがあり、事故につながりそうだった出来事、実際に起きた事故の状況や原因、対応を報告します。

12 介護過程

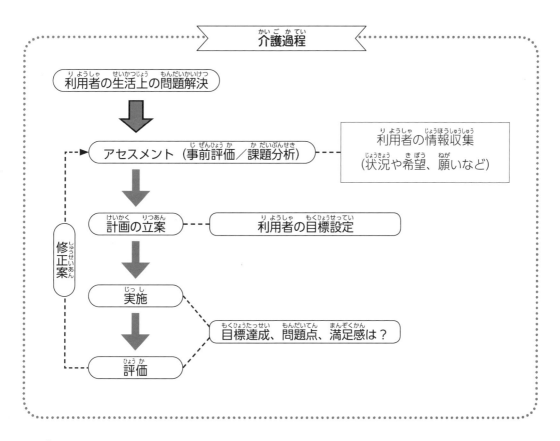

🔘 語彙マップの要約をしよう。

　介護過程は、利用者の生活上の問題を解決するため行う一連のプロセスです。
　このプロセスは、まず、アセスメント（利用者の情報収集）をし、目標を設定し計画を立て、支援を実施し、支援している中で、目標が達成されたか、問題点はあったか、満足感が得られたか、評価するものです。
　もし、目標などが達成されなかったら、修正案を加え、もう一度アセスメントに戻り、問題解決をしていきます。